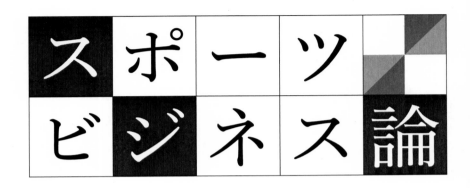

スポーツビジネス論

―― 理 論 と 実 態 ――

大野 貴司

齋藤 れい

三恵社

はじめに

　2019 年に大いなる盛り上がりを見せたラグビーワールドカップ，2021 年の開催が予定されている東京オリンピックなど，スポーツとビジネスとの関係は多くの人々の注目を集めており，「スポーツビジネス」，「スポーツマネジメント」という用語がわが国において定着して久しい。人々のスポーツビジネスへの注目と比例してスポーツビジネスの学修が可能な大学は，早稲田大学がスポーツ科学部を開設し，日本で初めて大学名に「スポーツ」を冠した大学であるびわこ成蹊大学が開学した 2003 年以降着実に増加している。また 2007 年には，早稲田大学スポーツ科学学術院教授の原田宗彦を中心にスポーツマネジメントの研究コミュニティである日本スポーツマネジメント学会が設立されている。このように，人々のスポーツとビジネスとの関係への関心の高まりに対応する形で，その研究も積極的に展開され，スポーツビジネス，スポーツマネジメントのテキストも多く出版されるようになってきた。

　我が国において順調な拡大を見せつつあると思われたスポーツビジネスであるが，現在は編者が指摘するまでもなく転換期を迎えている。新型コロナウイルス（COVID-19）による「コロナ禍」である。新型コロナウイルスは収束の兆しが見えず，「新しい生活様式」が日常生活になりつつある。それは同時に，本書が考察の対象とするスポーツビジネスのあり方も変えていくことになることは想像に難くない。その意味では，今日我々はスポーツビジネスの変革期に身を置いていると言うことができよう。現在の各スポーツ企業・組織の経営行動が今後のスポーツビジネスの経営行動のあり方に大きな影響を及ぼすものと予想される。その意味では，スポーツビジネス領域の経営実践者には現状の脅威のみではなく，機会の探索を志向した経営行動が求められ，その研究者には彼らのそうした経営行動をつぶさに描き出し，学術論文執筆などの研究活動を通じて理論へと昇華し，それを社会へと還元していく作業が求められよう。

　こうした背景を踏まえ，本書では，スポーツビジネスにおける「今まで」と「現在」だけでなく，「これから」を含め，スポーツビジネスについて考えていくこ

とをその課題としたい。スポーツビジネスは，言うまでもなくスポーツとビジネスの複合語である。「スポーツ」は手短に言えば人間の身体活動であるが，その楽しみ方は「する」だけでなく，スポーツ観戦，すなわち「見るスポーツ」，スポーツボランティアのような支えるスポーツ，スポーツアパレルのような「着るスポーツ」，スポーツ飲料・食品のような「食べるスポーツ」，「飲むスポーツ」など広がりを見せている。では，「ビジネス」とは何であろうか。これも手短に言えば，事業を営んでいくことである。事業とは，どの領域に進出するかを決めた上で，進出した領域の製品・サービスの開発，製造，販売，そのための組織体制の構築などを行っていくことである。以上を踏まえると，スポーツビジネスとは，企業がスポーツ領域の事業を営んでいくことであると言える。さらにかみ砕いて言えば，スポーツビジネスとは，企業がスポーツ領域の製品・サービスの開発，製造，販売とそのための組織づくりを行っていくことであるということができる。

　しかしながら一口に「スポーツビジネス」と言ってもその包摂範囲は，プロスポーツ，スポーツ用品メーカー，スポーツ小売店，フィットネスクラブ，スポーツ教室，スポーツ施設，スポーツ飲料・食品，スポーツツーリズム，スポーツメディア，スポーツスポンサーシップ等々（「等々」と記載していることからもわかるように，これがすべてではないので誤解されないよう注意されたい。あくまで一例である）実に多様である。スポーツの楽しみ方が広がっていることからもそれは理解できよう。その意味では，スポーツビジネスを理解していくためには，理論基盤となるビジネス理論，経営理論と，プロスポーツ，スポーツ用品，フィットネスクラブ等の各々の事業への理解の深化が求められるのである。ビジネス理論，経営理論を基盤としながらそれをそれぞれの事業領域に適合するように応用していくことにより，それぞれの事業領域に適合したビジネス理論を追求していくことこそが，スポーツビジネス研究に求められる研究姿勢であり，スポーツビジネスの今後を探索していける能力に繋がると言えよう。

　本書は，スポーツ領域の事業を，スポーツNPOなどの非営利領域にも拡張し，スポーツビジネスを理解することを目指している。非営利領域の組織もまた，そ

の目的達成のためにヒト，モノ，カネ，情報を活用し，事業を行い，その成否が寄附金の獲得などに大きく影響する。その意味では，事業という活動は非営利領域のスポーツ組織にも無関係なものではないと言えよう。

　このようにスポーツビジネスの対象となる事業領域は極めて広範である。それゆえ，本書では，できるだけ多様なスポーツ事業領域について紹介するだけでなく，それを捉えていくためのビジネス理論，経営理論を紹介していくつもりである。本書は，7名の執筆者がそれぞれのバックボーンやキャリア，各々の長所を活かしながら各自の担当章を執筆している。そうすることにより，理論的な見地のみならず，実践的な見地から個々のスポーツ事業領域についての理解を深めながら，それを捉えるためのビジネス，経営理論を理解し，スポーツビジネスへの理解を深めるという本書の課題が達成可能になるものと確信している。

　なお本書は各章で議論が完結しているため，どの章から読んでいただいても理解できるつくりとなっている。いずれも読みごたえのある力作ゆえ，編者としては全章をお読みいただくことを推奨したいが，まずはご興味のある章から読んでいただいても構わない。また全14章構成となっており，大学の教育活動に当たられている方々の大学・短大における「スポーツビジネス論」などの講義の教科書としても使用にも有用な書籍であるとも考えている。

　末筆になるが，本書の公刊にあたっては，株式会社三恵社代表取締役会長の木全哲也氏にひとかたならぬご尽力をいただいた。記して御礼申し上げたい。

令和2年12月

執筆者を代表して

編者　大野　貴司

目　　次

第 1 章

スポーツビジネスとは

1. 横浜 DeNA ベイスターズの事例

（1） 横浜 DeNA の概要

　横浜 DeNA ベイスターズ（以下ベイスターズ）は，神奈川県横浜市に本拠地を置くプロ野球チームである。球団の概要は図表 1-1 のようになっている。親会社は，モバイルゲームの開発，配信を主要事業とする株式会社ディー・エヌ・エーである。

図表 1-1　横浜 DeNA 球団概要

会社名	株式会社横浜 DeNA ベイスターズ
所在地	神奈川県横浜市
設立	1949 年
資本金	1 億円
売上	181 億円（2019 年 3 月期） 2011 年は 51 億円
当期純利益	11 億 1800 万円
観客動員数	2,283,524 人 2011 年の観客動員数は約 110 万人

日本野球機構ホームページ，横浜 DeNA ベイスターズホームページ「企業概要」，株式会社ディー・エヌ・エーホームページ「有価証券報告書」，池田（2017），19-20 頁を参考に筆者作成。

　ベイスターズで注目すべきは，親会社が DeNA となり，横浜 DeNA ベイスターズとなった 2011 年 10 月から 2019 年までで，観客動員

数が約 110 万人から約 228 万人と二倍近く上昇し，売上が 51 億円から 181 億円に三倍近く上昇している点である。また 2011 年から 2016 年の間で満員試合数は，5 試合から 54 試合に，ファンクラブ会員数は 11.8 倍に，グッズ売上は 3 億円から 20 億円に増加している（池田，2017）。

　では，ベイスターズはいかにして観客動員数を増やし，売上を増やすことに成功したのであろうか。以下，本節では同球団の取り組み事例について紹介していきたい。

（2）　ターゲットとすべき顧客層の明確化

　まずベイスターズでは，自らが球団として訴求すべきファン層を明確化させることからそのマネジメントを開始した。具体的には，横浜では，30〜40 代の男性サラリーマンをメインの顧客層として働きかけていくことを決定した。同球団では，彼らのことを「アクティブサラリーマン」と称している。

　「Yahoo!ニュース『横浜 DeNA は，なぜ今季観客動員を増やせたのか？』」によると，アクティブサラリーマンとは，以下の人物像，観戦スタイルを有する 30〜40 代のサラリーマンのことであるという。以下，同サイトを参考にアクティブサラリーマンの人物像，感染スタイルを紹介したい。

＜人物像＞
・野球場の雰囲気が好きで勝敗だけにこだわらず，居酒屋感覚でお酒を楽しむ
・私生活ではアウトドアを含めスポーツ等をするアクティブ層
・流行に敏感（スマホ多用をしてフェイスブックなど SNS に参加している）
・サッカー観戦なども好きだが，人生のどこかで野球経験あり草野球などをしている

＜観戦スタイル＞
・2〜5 名のグループ
・年に 2，3 回，平日ナイターで観戦。内野指定など高価な席を購

入

・子供がいる人は土日に子供連れの観戦

　このターゲットとすべき顧客層の決定から分かることは，ベイスターズでは，休日に，レジャーの一環として野球観戦を友人や家族，恋人と楽しみたい30〜40代の男性をメインターゲットとして彼らが楽しんで観戦してくれるようなスタジアムづくりを目指そうとしていたということである。すなわち，同球団では，マニアックな野球ファンだけでなく，ライトな野球ファンに来てもらえるようなスタジアムづくりを目指していたと考えられる。ベイスターズでは，アクティブサラリーマンに興味を持ってもらえるようなチケットを販売したり，イベントを数多く打つことにより，まず彼らにスタジアムに来てもらい，リピーターとなってもらうことを目指したのである。

（3）　アクティブサラリーマンを対象とした取り組み

　話題性づくりとしてまず挙げられるのはチケットである。横浜では，観客の満足度で返金が可能な返金チケット，ビール，キーホルダー，ユニフォーム付きチケット，VIPルームでの観戦や監督とディナーができる100万円チケット，試合の点差に応じて特典が付く「倍返し！」チケット，ビール飲み放題チケットなどの話題性のあるチケット販売することにより，その取り組みをメディアやSNSで取り上げてもらい，アクティブサラリーマンに興味を持ってもらい，彼らをスタジアムへと誘おうとしたのである。

　また，同球団では，「YOKOHAMA GIRLS ☆ FESTIVAL」，「YOKOHAMA STAR☆NIGHT」，「勝祭」，「食べて勝！B食祭」などの話題性のあるイベントを企画することにより，人が人を呼ぶ仕組みを作ることを目指した。

　ベイスターズでは，上記のような話題性があり，多くの人々が集まる場所を演出することにより，流行に敏感なアクティブサラリーマンに興味を持ってもらい，彼らをスタジアムへと誘うことに成功したのである。「多くの人々が集まっている楽しそうな場」であることは，常に自分が楽しそうな場に居ることを演出したい，いわゆ

3

る「インスタ映え」などへの関心の強いアクティブサラリーマンをスタジアムへと誘うに十分な要因であったと言うことができる。

　また,ベイスターズでは,ライトユーザーである彼らに対して「スカイバーカウンター」,「プレミアムテラス」,「リビングボックスシート」などの座席も設置し,友人や家族とリラックスして観戦してもらえるような環境づくりに努めていた。

　楽しんで野球を観戦してもらうためには,飲食(スタジアムめし)の充実もライトユーザーには重要な再観戦要因となろう。ライトユーザーはそこまで野球に詳しいわけではないので,スタジアムのアメニティやホスピタリティ,イベント,飲食など野球以外の要因により再観戦意図が高まる可能性があるためである。

　具体的には,横浜では,

・ベイスターズの若手選手寮「青星寮」で代々親しまれてきたカレーを「青星寮カレー」(800円)
・ミシュランガイドで何年も星を獲得し続けている西麻布のラ・ボンバンスの料理長岡元信シェフ監修のから揚げ「ベイカラ」(550円)
・世界的評価を受ける「厚木ハム」のあらびきソーセージを利用したホットドッグ「ベイスターズドッグ」(700円)
・横浜・野毛の老舗洋食店センターグリル監修の「ベイメンチ」(300円)

など,観客に喜んでもらえるようなこだわりのメニューを開発し,販売していた(池田,2017)。

　野球観戦に付き物のビールも,国際的に高い評価を受けている醸造所である横浜ベイブルーイングと木内酒造の協力を得て「ベイスターズ・エール」と「ベイスターズ・ラガー」(各700円)を開発した。本物のクラフトビールのおいしさは,ファンの支持を受け,2016年9月には横浜スタジアムで多く飲まれるビールとなっている(池田,2017)。

(4) アクティブユーザー以外は対象としないのか?

　このように,ベイスターズではアクティブサラリーマンを対象として,話題性のあるイベントを打ち出し,話題性のあるチケットを

4

販売したり，こだわりのスタジアムめしを販売することにより，多くの観客動員に成功したわけではあるが，ここで一つの疑問が生じる。「アクティブサラリーマン以外は対象としないのか？」ということである。その答えは，決してアクティブサラリーマン以外の顧客層を対象としていないわけではなく，アクティブサラリーマンにその他の世代，女性をスタジアムに呼び込んでもらうことを期待しているということになる。30代〜40代の男性は，父親，主人・彼氏，上司など周囲に与える影響力が強く，彼らに連れられ，子供や女性，職場や地域の仲間がスタジアムに来ることを横浜では期待しているのである（IT media ビジネス ONLiNE「過去3年で42％増！横浜 DeNA ベイスターズのファンが増えている理由」）。

　アクティブサラリーマンに連れてこられた人々は，横浜や野球にあまり関心のない人も少なくない。その意味でも，ライトなファンに楽しんでもらう環境づくりが重要になるのである。

　また横浜では，アクティブサラリーマンを中心にしたファン層の拡大により，ファンのニーズに応じたグッズの開発にも注力している。

　同球団では，MD（マーチャンダイジング）部を設置し，「I☆YOKOHAMA」シンボルキャラクターの『BART&CHAPY』のぬいぐるみやキャップなどの関連グッズ，往年の人気キャラクターを復活させた「マリンくん」グッズ，先述の球団オリジナルビールの「ベイスターズ・エール」，「ベイスターズ・ラガー」のロゴ入りTシャツやグラスなど各ファン層のニーズや各時期に合ったグッズの開発に注力している。またグッズ自体もデザインに注力し，ファンが欲しくなるような商品の開発を目指している。開発された商品は会場内だけでなく，横浜市内の直営店舗やインターネットでも購入可能である（池田，2017）。

（5）TOB による横浜スタジアムの子会社化

　ベイスターズは，2016年1月21日に，横浜 DeNA のホームスタジアムである横浜スタジアムの運営会社株式会社横浜スタジアムの TOB（＝株式公開買い付け）を実施し，横浜スタジアム運営会社を横浜 DeNA の子会社化している。それに合わせ，同球団では

85億円かけスタジアムを改修している（池田，2017）。

　横浜スタジアムの子会社化の狙いは，チームとスタジアムの一体経営である。これにより，ベイスターズでは，会場での物販，広告看板の掲出収入などが横浜DeNAの収入になるだけでなく，チームで開発したグッズや飲食メニューを販売したり，多くのファンを呼び込めるようなイベントの企画を行うことによるさらなるファンサービスの向上が可能になり，多くの人々をスタジアムへと誘うことが可能になるのである。

2. スポーツビジネスとは何か

（1）スポーツビジネスの対象

　本節では，ベイスターズの事例からスポーツビジネスとは何か，そのエッセンスについて考えてみたい。「はじめに」で記したように，「スポーツビジネス」とは「スポーツ」と「ビジネス」の複合語である。スポーツは人間の身体活動をあらわす用語であるが，その楽しみ方，人間のスポーツへの関わり方は多様化していることもまた「はじめに」で述べたとおりである。「ビジネス」は事業活動を営むことであり，特定の事業領域の中で，製品・サービスの開発，製造，販売や，そのための組織体制づくりを行うことであることも「はじめに」で述べたとおりである。以上を踏まえると，「スポーツビジネス」とは，スポーツ領域の事業を成功裏に収めるためのマネジメントを考えていくことと理解して問題ないであろう。そして，このスポーツ領域の事業は，非営利領域を含めると極めて多岐にわたり，プロスポーツクラブやフィットネスクラブのように提供する製品が，形がない事業もあれば，スポーツ用品のように形のある製品を扱う事業もあるというようにその性格も多様であり，それこそがスポーツビジネスへの理解を難しくさせていると言えよう。

　一例を挙げれば，スポーツ領域の事業には以下が挙げられよう。

＜営利領域（株式会社の形態により組織が運営される事業領域）＞
・プロスポーツ
・スポーツ用品メーカー

- スポーツ小売店
- フィットネスクラブ
- スポーツ教室
- スポーツ施設
- スポーツイベント
- スポーツメディア
- スポーツツーリズム（スポーツをテーマにした旅行）
- スポーツ飲料
- スポーツ食品
- スポーツ医療

など

<非営利領域（利益を追求しないスポーツ事業を行う）>
- スポーツ NPO（総合型地域スポーツクラブを含む）
- 競技団体
- スポーツ行政（行政組織により企画されるスポーツイベント含む）
- 学校運動部活動
- 公共施設
- 公益団体（中央競技団体など）

など

　このようにスポーツを対象とする事業は多岐にわたり，スポーツビジネスの範囲は広範であると言える。この広範な事業活動を成功裏に収めるためのマネジメントのあり方を考えていくことこそがスポーツビジネスの重要な研究テーマなのである。

（2）　スポーツビジネスの特徴[1]

　スポーツビジネスの最大の特徴は，先述のそれが包摂する事業領域の多様性であろう。これこそがスポーツビジネスを複雑にも面白くもしている特徴であると言えよう。また多様な事業領域が存在するゆえに，横浜の事例のようにプロスポーツと施設（プロスポーツ

---

[1] スポーツビジネスの特徴については，奈良（2020）が詳しい。

の場合は，メディア，用品，飲食などとも結びつく），スポーツ用品メーカーが製品のプロモーションのためプロスポーツ選手の製品の使用契約を結んだり，ワールドカップやオリンピックなどのスポーツイベントのスポンサーになるなど異領域同士のスポーツ事業が結びつくこともあり，個々のスポーツ事業を成功させるためにも，そのスポーツ事業領域のみで考えるのではなく，他の事業領域との接合を視野に入れたマネジメントを実践していくことも必要となってくる。こうした「（スポーツ）事業間のマネジメント」はスポーツビジネスの特徴であると言えよう。

　また，プロスポーツ事業においては，収入形態の多様性もまたその特徴として挙げられよう。プロスポーツにおける製品（サービス）は，選手により作られるゲームである。このゲームは，多くのファンに訴求力が可能なコンテンツであるがゆえ，会場に広告看板を掲出することにより自社や自社の製品を宣伝したい企業も存在するゆえ，スポンサーシップもまたプロスポーツクラブの製品となる。ファンがチームや選手に魅力を感じているのならば，チームや選手のグッズもまたプロスポーツクラブの製品となりうる。チームや選手のグッズは，クラブが自らで製造・販売するだけでなく，企業がチームや選手のグッズを作ることや，ロゴを使用することを認めるライセンス契約などもまたプロスポーツクラブの製品となりうる。そして，テレビ局やラジオ局が自分のチームの試合を放送する権利を認めることすなわち放映権もまたプロスポーツクラブの収入になりうる。このようにプロスポーツクラブは選手により提供されるゲームを核として多様な収益形態を有しているが，これらの収入は重要なことはすべて魅力のあるチームづくり，試合を提供することによりはじめて得ることが可能になるということである。スポンサーは魅力のあるチームと契約することを望み，メディアもまた魅力のあるチームの試合を放送することを望む。その意味では，プロスポーツクラブにける多様な収入形態の基盤を作るのは，魅力のあるチームづくり，ゲームづくりであると言える[2]。

　ここでは，事業間のマネジメント以外のスポーツビジネスの特徴

---

[2] 詳細は大野（2010）を参照されたい。

を明らかにすべくプロスポーツなど形のない製品，すなわちサービスを取り扱うスポーツ事業の特殊性について言及していきたい。スポーツビジネスがサービスを取り扱うビジネスであるならば，サービスビジネスが備える無形性，同時性，変動性，消滅性という 4 つの特性を備えていることになろう。

　無形性とは，スポーツビジネスにおける製品は，プロスポーツのゲームやフィットネスクラブで運動をする行為というように，それ自身が形のないものであり，手に取ってその良し悪しを見ることができないため，その良し悪しは購入して実際に経験しなければわからないことになる。そうであるならば，そのチームやクラブの品質への信頼の高さを示すブランドや他のファンや会員の推奨などは，消費者にとって極めて重要な指標となろう。

　同時性とは，サービスの提供と消費が同時に行われることである。プロスポーツのゲームはその提供者であるプレイヤーのプレイと観戦者の観戦行為は同時に行われる。スポーツ教室などもまた，講師によるレッスンと受講者がレッスンを受ける行為は同時に行われる。プロスポーツであるならば，この「同時性」は選手にとっては自らを応援してくれて，試合へのモチベーションを高めてくれることになるであろうし，会場の雰囲気を作り上げる要因ともなろう。その意味では，この同時性はプロスポーツクラブ経営にとっては，方法によっては自らのクラブの価値を高めてくれるものとなるであろう。毎試合，多くの熱狂的なファンにより赤で覆われた独特のスタジアム空間が構築されている浦和レッズなどを見れば，この同時性の重要性が分かるであろう。またプロスポーツの事例で考えれば，スタジアムから遠い場所に住んでいる人は定期的にスタジアムに訪れることは難しい。その意味では，リピーターとなってもらう人を増やすためにはスタジアムから近い場所に住んでいる地域の人々を対象とすることは有効な施策であると言えよう。

　不均質性とは，サービスの提供が人間により行われるため，その成果であるサービスの品質が一定しないことである。プロスポーツクラブが提供するゲームはいつも好きなチームが勝つとは限らず，お気に入りの選手が活躍するとも限らない（それがスポーツのゲームの楽しい部分でもあるのだが）。またダンス教室のダンス指導な

どもインストラクターによって力量や教え方などは異なる。後者の
フィットネスクラブやスポーツ教室などを考えると，指導にあたる
インストラクターの能力の担保，向上が重要となる。セントラルス
ポーツでは独自の認定制度（ANCS）を構築し，同社のクラブで講
座を担当する際にはその認定を受けることを義務付けている（水野，
2010）。またプロスポーツクラブでも横浜の事例のように，飲食を
充実させたり，話題性のあるイベントを実施することにより，観客
に野球を中心として満足してもらえるスタジアムづくりを実現す
ることにより，勝敗に左右されず，また来てもらえることを目指し
ている球団が増えている。これはプロスポーツクラブにおける不均
質性への対応であると言えよう。

　消滅性とは，需要に応じて柔軟に供給を変動させることができな
いことである。プロスポーツのゲームにおいてはスタジアムの定員
を超えて観戦を希望する人たちにチケットを販売することはでき
ないし，観客が少ないからといって試合を中止にすることはできな
い。こうした消滅性に対応する方法としては高く料金を支払っても
良い人には高い料金を支払ってもらい，安い料金しか払いたくない
人には安い料金で購入してもらうことなどが有効であろう。具体的
には，プロスポーツクラブでは，ラグジュアリーシートなどで家族
や友人とお酒や食べ物を取りながらゆったりと試合を観戦したい
人は高い料金のチケットを購入するであろうし，フィットネスクラ
ブでも，毎日すべての時間で運動したいという人は高い会費を支払
うであろう。消滅性に対応していくためには，このように提供する
製品に「価格帯（価格のばらつき）」を設けることは有効であろう。

（3）　スポーツ事業のマネジメント

　本節の最後は，ドメインとSTP（Segmentation-Targeting-Position
ing）分析の視点からスポーツ事業のマネジメントについて論じて
いきたい。

①　Domain（ドメイン）

　ドメインとは，日本語に訳すと「領域」である。具体的には，経
営活動における自社の活動領域や活動範囲を決めることである。活

動領域や活動範囲を決めることにより，ターゲットとする顧客やライバルが決まってくる。すなわち何をすべきかが決まるのである。その意味では，ドメインは企業にとっての道しるべを決定するための行為であると言える。

　ベイスターズの事例で考えてみよう。ベイスターズのドメインを「野球（野球を見せる）」と捉えた場合，球団の活動は「野球の試合を見せること」となり，良いゲームをすることのみに注力することになり，ライバルは巨人やヤクルト，西武などの在京のプロ野球球団となる。対象となる顧客も野球ファンとなり，その対象や活動は限られる。一方で横浜のドメインを「総合エンターテイメント（球場に来てもらうことでファンに楽しんでもらう）」と捉えた場合，球団の活動は「野球を中心としてスタジアムに来た人々に楽しんでもらうこと」になり，対象となる顧客も楽しい時間を過ごしたい野球に関心の薄い人々も対象となり，ライバルはディズニーランドなどのアミューズメントパークや映画館やボウリング場などの娯楽施設へと広がっていく。その意味では，ドメインはある程度の「広がりのある」ものであることが望ましい。

② Segmentation（セグメンテーション）

　STP分析の第一段階はセグメンテーションである。市場細分化とも呼ばれる。セグメンテーションとは，自社の顧客になってくれそうな消費者（潜在的な顧客）をそれぞれの特性に応じて分類することである。特性として挙げられるのは，例えば
・　年齢
・　性別
・　世帯（独身か既婚か，子持ちか・・・）
・　所得
・　居住地
・　製品・サービスの購買歴
・　製品・サービスの購買頻度
・　製品・サービスの購買目的
などである。年齢や節別，世帯，所得はその人自体の個人的な特性をあらわすものであるが，購買歴，購買頻度，購買目的は自社製品・

サービスと潜在的な顧客との関わり方をあらわすものである。

　このようにまずは潜在的な顧客を分類することが事業のマネジメントには求められる。ベイスターズでは，セグメンテーションにより，潜在的な顧客を分類したうえで，ライトな野球ファンだが，活動的で，流行には敏感である「アクティブサラリーマン」という顧客層を見出したのである。

③　Targetting（ターゲッティング）

　ターゲッティングとは，セグメンテーションした顧客層の中で，どのセグメント（層）を対象とするかを決めることである。対象とする顧客層を決定したら，彼らに訴求した製品・サービスづくり，価格設定，プロモーション，流通体制の構築などのマーケティング活動が求められる。

　ベイスターズでは，他の層に影響力の高い「アクティブサラリーマン」をターゲットとする顧客層に設定し，彼らが関心を持ち，スタジアムに来たくなるようなイベント，チケット販売，座席設定，飲食メニューの企画，提供を行い，その結果，アクティブサラリーマンを中心に，多くの層のファンをスタジアムに集めることに成功した。

④　Positioning（ポジショニング）

　ポジショニングとは，業界内における自社のポジショニングを確立することである。言うまでもなく独自のポジショニングが構築できればライバルから利益を収奪されることもなくなり，顧客から得た売上を自らのものにすることが可能となる。

　業界内のポジショニングの古典的なフレームワークとしては，業界内で最大の売上を誇るリーダー，リーダーの地位を狙うチャレンジャー（リーダーの座を奪うことは諦め，第2位のポジションを目指すような共生的チャレンジャーも存在する），リーダーやチャレンジャーを模倣したり，彼らが魅力を感じない領域に参入し生き残りを目指すフォロワー，売上はリーダーやチャレンジャーに及ばないものの，絞り込んだセグメントや独自の製品・サービスで利益を獲得することを目指すニッチャーの四分類などが挙げられる。

上記の四分類は，ナイキやアディダス，プーマなどの世界，そし
てミズノ，アシックス，ヨネックスなどの日本のスポーツ用品メー
カー，コナミスポーツやセントラルスポーツ，カーブスジャパンな
どの日本のフィットネスクラブにおいては適用可能であるが，プロ
野球ではフランチャイズ制が敷かれており，事業活動を行う地域が
制限されており，各球団は顧客を奪い合う存在ではない。その意味
では，プロスポーツクラブ経営を考えた場合は，他のレジャー・エ
ンターテイメントビジネスにおける自らのポジショニングを考え
なければならない。その意味では，「地域住民をメインの顧客層に
据えた」「スポーツを中心とした楽しめる場所・時間を提供する」
という軸から独自のポジショニングを構築していくことが求めら
れる。その意味では，今後のプロスポーツクラブ経営においては，
レジャー・エンターテイメントビジネスにおけるニッチャー的なポ
ジショニングを追求していくことが求められよう。

3．おわりに

　　以上，本章ではベイスターズを事例として，スポーツビジネスと
は何なのかということと，その対象，そしてスポーツビジネスを捉
えるためのビジネス理論を紹介した。「はじめに」でも述べたよう
に，スポーツビジネスを捉えるための理論は，それぞれのスポーツ
事業によって異なってくる。その意味では，読者の皆さんがスポー
ツビジネスへの理解をさらに深めるためには，本章で紹介したビジ
ネス理論を他のスポーツ事業へ応用しながら，それぞれのスポーツ
事業を捉えるためのビジネス理論を探索することが求められよう。

＜課題＞
①か②のいずれかを選んで取り組んでみよう。

①　ドメイン，STP 分析を使いながら自分でスポーツ用品，スポー
　　ツイベントの企画案を作成してみよう。
②　関心のあるスポーツ系の企業や組織の事業活動をドメイン，
　　STP 分析を使いながら分析してみよう。その際に，そのスポ

ーツ系の企業や組織のマネジメントと横浜 DeNA のマネジ
メントとの相違についても具体的に挙げてみよう。

＜参考文献＞
池田純（2017）スポーツビジネスの教科書　常識の超え方　35 歳
　　球団社長の経営メソッド．文藝春秋．
水野由香里（2010）平準化による価値創造．伊藤宗彦・高室裕史編
　　著，1 からのサービス経営．碩学舎，pp.223-241.
奈良堂史（2020）スポーツビジネスの特異性—経営学（サービスマ
　　ネジメント）の視点から．大野貴司編著，現代スポーツのマネ
　　ジメント論—「経営学」としてのスポーツマネジメント序説—．
　　三恵社，pp.75-91.
大野貴司（2010）プロスポーツクラブ経営戦略論．三恵社．

＜参考 URL＞
IT media ビジネス ONLiNE　過去 3 年で 42％増！　横浜 DeNA ベイ
　　スターズのファンが増えている理由　（3/7）．
　　https://www.itmedia.co.jp/makoto/articles/1410/22/news013_3.htm
　　l（参照日 2020 年 12 月 2 日）．
株式会社ディー・エヌ・エーホームページ　有価証券報告書．
　　https://ssl4.eir-parts.net/doc/2432/yuho_pdf/S100G4YH/00.pdf（参
　　照日 2020 年 12 月 2 日）．
日本野球機構ホームページ．http://npb.jp/（2020.12.31 アクセス）．
Yahoo!ニュース　横浜 DeNA は，なぜ今季観客動員を増やせたの
　　か？．
　　https://headlines.yahoo.co.jp/hl?a=20131213-00000003-wordleafs
　　-base（参照日 2020 年 12 月 2 日）．
横浜 DeNA ベイスターズホームページ．https://www.baystars.co.jp/
　　（参照日 2020 年 12 月 2 日）．
横浜スタジアム公式サイト．https://www.yokohama-stadium.co.jp/
　　（参照日 2020 年 12 月 2 日）．

（大野　貴司）

第 2 章
スポーツ用品市場とスポーツブランド企業

1. わが国のスポーツ産業

(1) 伝統的 3 領域とは

　わが国におけるスポーツ産業は，19 世紀末に近代スポーツが導入されて以降，学校や社会に定着するにつれて，伝統的 3 領域と呼ばれる分野として個別に発展してきた。それらは，スポーツの用具・用品に関する「スポーツ用品産業」，スポーツを行う場所としての「スポーツ施設空間産業」，スポーツに関連した雑誌やメディアに関連した「スポーツサービス情報産業」の 3 領域である。そして，高度経済成長を経て国民の暮らしが豊かになった 1980 年代を迎えると，国民の余暇時間の増大やライフスタイルの変化と共にスポーツの市場規模は拡大し，産業構造にも変化がみられた。これまで個別に存在していた伝統的 3 領域においては，規模が拡大するにつれて，3 つの領域が重なり新しい複合領域が出現した（図表 2-1）。「スポーツ市場」が初めて数字になったのも 1982 年の「レジャー白書」が最初であり，スポーツが独立した産業領域として一般に認知され始めたのがこの頃である（原田，2016）。

(2) スポーツ用品産業の拡大とアスレジャー

　スポーツ産業が世界的に拡大する中，伝統的 3 領域におけるスポーツ用品産業は中心的な産業として領域を拡大しながら順調に世界で市場を拡大している。これは NIKE や ADIDAS をはじめとする上場スポーツブランド企業の売上高上位 5 社（以下「5 大スポーツブランド企業」と記す）の過去 5 年間売上高合計が 2015 年の約 6.9 兆円から 2019 年の約 9.0 兆円へと推移していることからも，スポ

ーツ用品市場が安定的に成長していることがわかる（図表 2-2）。日本においてもスポーツ用品市場は堅調に推移しており，2019 年見込みではおよそ 1 兆 6 千億円である（図表 2-3）。

図表 2−1　スポーツ産業の伝統的3領域と近接産業

(原田，2016)

　このようにスポーツ用品市場が拡大している要因の一つとして，昨今アスレジャー（athleisure）が世界的なブームとなっていることがあげられるだろう。アスレジャーとは，スポーツウェアやトレーニングウェアを日常生活の中で着用する，アスレチック（athletic）とレジャー（leisure）を組み合わせたスタイルのことである。図表 2-1 でいえば，スポーツ産業と近接産業であるファッションと融合した分野が該当するだろう。これが追い風となり，スポーツブランド企業がスポーツ競技者のみならず，スポーツに無縁な人々のカジュアルファッション需要を取り込んだことが，スポーツ市場拡大の要因の一つとなっていると考えられる（矢野経済研究所，2017; 2018; 2019; 2020）。また，製造から小売りまで一貫した流通が強みの製造小売業（Speciality store retailer of Private label Apparel ; 以下

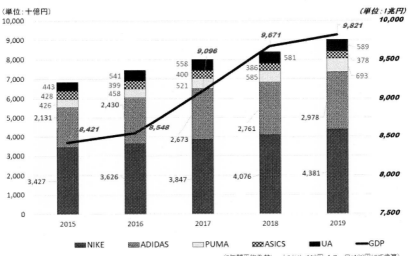

図表 2-2　5大スポーツブランド企業売上高推移と世界のGDP総額推移

（単位：十億円）

（単位：1兆円）

（5年間平均為替レート1ドル=112円、1ユーロ=126円にて換算）

（各社年次決算書, macrotrends.net, worldbank.orgを参考に筆者作成）

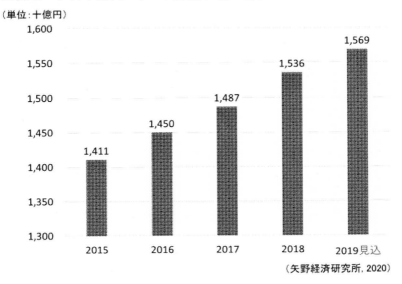

図表 2-3 日本国内スポーツ用品市場の現状

（単位：十億円）

（矢野経済研究所, 2020）

「SPA」と記す），例えば ZARA やユニクロなどのファストファッションブランドにおいても，アスレジャーブームを機に続々とスポーツファッションを取り入れて事業を拡大させている。スポーツブランドとアパレルブランドにもはや垣根はなく，競争が激化していることが推察される。以下，5 大スポーツブランド企業と SPA を順にみていこう。

2. 世界の 5 大スポーツブランド企業と SPA

（1） 世界の 5 大スポーツブランド企業

NIKE，ADIDAS，PUMA，UNDER ARMOUR，ASICS（以下「アシックス」と記す）は世界に展開するグローバルスポーツブランド企業である。 図表 2-4 は，5 社の概要を示したものである。5 社の中で最も創業の古い ADIDAS と PUMA は第 2 次大戦後，ダスラー兄弟が創業した会社から互いに独立する形で設立された。同時期にはアシックスも創業している。NIKE は 1964 年，アシックス製品の米国総代理店として起業した。5 社の中で最も新しい UNDER ARMOUR は 1996 年に設立された。NIKE，ADIDAS，PUMA，アシックスはスポーツシューズの開発から始まった会社であり，UNDER ARMOUR は元アメリカンフットボール選手で創設者の Kevin Plank 氏がアメリカンフットボールに着用する着心地のいいコンプレッションウェアを開発したことから始まった企業である。また，日本における現地法人に関しては，UNDER ARMOUR のみ現段階では日本法人を設立しておらず，日本における総代理店として㈱ドームと契約を結んでいる。アシックスは，グローバル展開していく中で日本はあくまでも世界の中の一地域（リージョン）であるという認識のもと，2012 年に日本法人であるアシックスジャパン㈱を設立した。

スポーツ産業の現状を的確に捉えるため，2015 年から 2019 年までの各社年次決算書を基に，5 大スポーツブランド企業について比較を行った。そのため 5 年間の平均為替レート（USD112 円，EUR126 円，SEK13 円;YAHOO!JAPAN ファイナンス，2020）を用いて比較しやすいように円価額で示した。

売上高第 1 位の NIKE は 2019 年では 4.4 兆円であり，突出した成長を続けている。すべての業種を対象とした Forbes The World's Largest Public Companies 2000 ランキング（Forbes，2020；以下「Forbes ランキング」と記す）でも 244 位，株式時価総額ではおよそ 15 兆 2200 億円であることから，スポーツブランド企業の雄であるといえるだろう。株式時価総額とは上場企業の株価に発行済株式数を掛けたものであり，企業価値を評価する際の指標である。したがって，直近発行済株式数が 1592 百万株で 2020 年 2 月 29 日時点のデータであったことから，同日の株価終値 88.09 と，同日ドル円為替レート仲値 108.50 円（Yahoo!JAPAN ファイナンス 2020）を直近発行済株式数に乗じて，株式時価総額を算出したものである。

　売上高第 2 位の ADIDAS は，2019 年では 4.4 兆円であり，Forbes ランキングでは 397 位にランクインしている。売上高 3 位争いは PUMA，UNDER ARMOUR，アシックスの 3 社間であるが 2019 年には PUMA が 6930 億円，UNDER ARMOUR が 5890 億円である。アシックスが 3780 億円と横ばい傾向であるなか，PUMA が抜きんでており，UNDER ARMOUR が追う展開となっている。

　図表 2-5 は，2019 年の 5 大スポーツブランド企業の地域セグメント別売上高比率を表したものである。創業年数が最も浅く発展途上の UNDER ARMOUR はまだ北米における比率が 72％と高いほか，アシックスも日本を含むアジアその他の割合が 56％であるものの，いいかえると，UNDER ARMOUR やアシックスには世界の潜在的市場が残されているともいえるだろう。

（2）SPA の台頭

　近年，ファストファッションが世界中でブームとなり，発展途上国の需要も取り込み，その勢いは続いている。この業態は，企画デザイン・製造から小売りまで一貫して行う SPA（製造小売業）とよばれ，これまでの伝統的な三層構造（製造・卸・小売）を覆す新業態で，シーズンの途中でも消費者の流行を見ながら新商品を次々と投入して低価格帯で販売することから，近年爆発的な伸びを見せている。

　SPA においても，スポーツ市場を有望とみており続々とスポーツ

図表2−4　5大スポーツブランド企業の概要

	NIKE	**ADIDAS**	**PUMA**	**UNDER ARMOUR**	**ASICS**
本社	アメリカ, オレゴン州, ビーバートン	ドイツ, バイエルン州, ヘルツォーゲンアウラハ	ドイツ, バイエルン州, ヘルツォーゲンアウラハ	アメリカ, メリーランド州, ボルティモア	兵庫県神戸市
創始者	Phil Knight	Adi Dassler	Rudolf Dassler	Kevin Plank	鬼塚喜八郎
設立年	1964年	1949(1924)年※1	1948(1924)年※1	1996年	1949年
上場	ニューヨーク証券取引所(NYSE)	フランクフルト証券取引所 (FWB)	クセトラ(XETRA)※2	ニューヨーク証券取引所 (NYSE)	東京証券取引所
決算月	5月末	12月末	12月末	12月末	12月末
日本法人	㈱ナイキジャパン	アディダスジャパン㈱	プーマジャパン㈱	---	アシックスジャパン㈱
日本法人設立年	1981年	1998年	2003年	---	2012年
日本における総代理店	---	---	---	㈱ドーム	---

※1 AdidasとPuma創始者のDassler兄弟が共同で経営していた前身会社の設立年が1924年

※2 ドイツ取引所グループが設置する電算式株式現物取引システム

（各社ホームページを参考に筆者作成）

図表 2−5　5大スポーツブランド企業 2019年地域セグメント別売上高比率

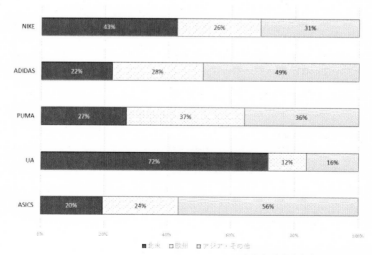

（各社年次決算書を参考に筆者作成）

市場に参入している。SPA は，ZARA ブランド擁する INDITEX を筆頭に，H&M-Hennes & Mauritz（以下 H&M と記す），ユニクロ擁するファーストリテイリングが 3 大 SPA である。Forbes ランキングでは順に，244 位，496 位，428 位であり，安定した経営力，組織力，ブランド力があるといえるだろう。SPA 第 1 位の INDITEX は， 2019 年の売上高は 3.6 兆円である。SPA 第 2 位の H&M は 3.0 兆円と，スポーツブランド企業と比較すると NIKE についで第 2 位の規模である。第 3 位のファーストリテイリングは 2.3 兆円であり，ADIDAS に次ぐ位置につけており，スポーツブランド企業の 3 位以下と比較すると圧倒的な規模である（図表 2-6）。

　スポーツウェア分野への進出についてであるが，INDITEX は日本でスポーツウェアを投入しはじめたところである（日本経済新聞，2016），H&M は，2013 年の時点で男子プロテニス選手のベルディハとパートナーシップ契約を締結している（Fashion Network，2013）。H&M はソチオリンピック，リオオリンピック，平昌オリンピックと 3 大会連続自国スウェーデンの代表ユニフォームを手掛け，そのファッショナブルなデザインが話題を呼んだのは記憶に新しい。そのスウェーデン代表チームが，東京オリンピックにおいてはファーストリテイリングと代表ユニフォームの契約を締結したことも話題となった（五十君，2019）。ファーストリテイリングは，車椅子プロテニスプレイヤーの国枝慎吾選手や，男子テニスプロトップ 10 に君臨する錦織圭選手とスポンサー契約を結んでいる。2018 年にはテニス界のレジェンドで未だトップ 3 のロジャー・フェデラー選手がナイキから鞍替えする形で契約を結んだことは世界を驚かせた。その他ゴルフ界のレジェンドのアダム・スミス選手，スノーボードの平野歩選手とスポンサー契約を結ぶなど，続々とスポーツウェア分野に進出してきている。

　スポーツウェアは，例えばスポーツシューズがスポーツメーカーの専門技術を伴うのに対して，速乾性や伸縮性などの専門技術は必要とされるものの，一般アパレルブランドが参入しやすい分野ともいえるだろう。スポーツブランド企業と一般アパレルブランド企業との垣根は一層低くなっていくと考えられ，今後は世界の市場を舞台にいっそう熾烈な競争が繰り広げられていくと考えられる。

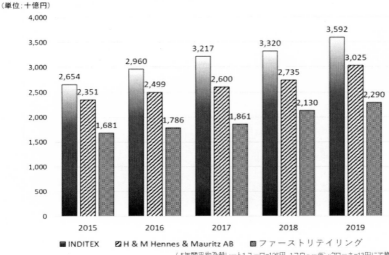

図表2－6　3大SPA売上高推移

（単位：十億円）

（5年間平均為替レート1ユーロ≒126円, 1スウェーデンクローネ≒13円にて換算）

（各社年次決算書を参考に筆者作成）

INDITEX：2,654（2015）、2,960（2016）、3,217（2017）、3,320（2018）、3,592（2019）
H & M Hennes & Mauritz AB：2,351（2015）、2,499（2016）、2,600（2017）、2,735（2018）、3,025（2019）
ファーストリテイリング：1,681（2015）、1,786（2016）、1,861（2017）、2,130（2018）、2,290（2019）

3. 国内のスポーツ用品市場とスポーツブランド企業の現状

（1）　国内のスポーツ用品市場の動向

　国内のスポーツ用品市場も順調に拡大している（図表 2-3）。図表2-7 はスポーツ用品分野別に市場規模を表したものである。上位 5分野は 1000 億円を超えており，順に，スポーツシューズ，ゴルフ，アウトドア，アスレチックウェア，釣りである。6 位以下には身近な競技が並ぶがいずれも 1000 億円に満たないことが示されている。

　図表 2-8 は過去 7 年間のスポーツ用品分野別国内市場規模推移を表したものである。分野別首位のスポーツシューズは，2016 年にこれまで市場を牽引してきたゴルフを追い抜き首位に立った。2019年見込では，全体の 2 割を占めるほどにまで成長した。スポーツシューズ自体は特定の競技に関わらず，スポーツに無関係な人がアスレジャーとして使用していることも伸長している要因であろう。ゴルフや釣りは横ばい傾向であるが，アスレジャーに関連するスポー

図表2-7　2019年スポーツ用品分野別国内市場規模見込

(単位：億円)

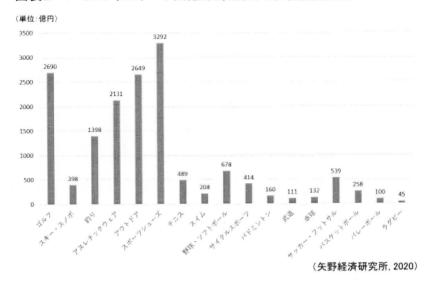

(矢野経済研究所，2020)

ツシューズ，アウトドア，　アスレチックウェアは順調に推移していることがわかるだろう（矢野経済研究所；2019，2020）。

(2)　国内のスポーツブランド企業
①　有価証券報告に基づく現状分析～売上高と利益率分析～

　日本の国内スポーツブランド企業の現状はどうであろうか。まず，売上高 500 億円以上の上場企業を抽出すると 7 社であった。7 社の 2015 年から 2019 年までの有価証券報告書を基に売上高および利益率の推移の現状分析を行った。

　図表 2-9 は，日本の国内スポーツブランド企業の過去 5 年間の売上高推移と日本の GDP の推移を表したグラフである。GDP がおよそ 480 兆円～490 兆円と微増横ばい傾向に対して，7 社総額も同様の横ばい傾向を示していることがわかる。売上高規模では，2018-2019 年決算においては，アシックスが 3860 億円，シマノが 3630 億円，美津濃が 1780 億円，デサントが 1420 億円，グローブライドが 870 億円，ゴールドウイン 840 億円，ヨネックス 610 億円の順である。

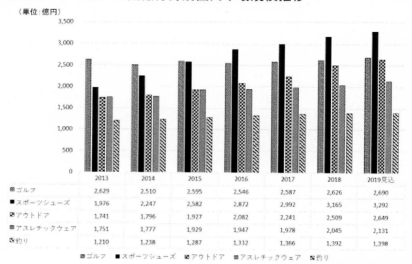

図表2-8 スポーツ用品分野別国内市場規模推移

（単位：億円）

（矢野経済研究所，2020）

	2013	2014	2015	2016	2017	2018	2019見込
ゴルフ	2,629	2,510	2,595	2,546	2,587	2,626	2,690
スポーツシューズ	1,976	2,247	2,582	2,872	2,992	3,165	3,292
アウトドア	1,741	1,796	1,927	2,082	2,241	2,509	2,649
アスレチックウェア	1,751	1,777	1,929	1,947	1,978	2,045	2,131
釣り	1,210	1,238	1,287	1,332	1,366	1,392	1,398

　アシックスの2019年売上高が約3860億円で海外売上高比率が国内売上高比率を上回り，NIKE（2019年約4.4兆円），ADIDAS（2018年約3.0兆円）に次ぐ3位集団としての地位を確立しているものの，自転車部品や釣り具に強みを持つ売上高3630億円のシマノを除いたその他企業の売上高は，美津濃が約1700億円，デサントが約1400億円，以下は1000億円に満たない状況である。

　2019年の日本国内スポーツブランド企業のセグメント別売上高比率（図表2-10）を見てわかるように，シマノは海外比率がおよそ90％と突出して高く，早くから海外市場を中心に発展してきた。アシックスはいうまでもなく，デサント，ゴールドウイン，ヨネックスが海外における売上高が日本における売上高を超えたことは海外展開の努力が着実に成果となっていると考えられる。このように，海外売上高比率を高めていくことと合わせて，国内においても分野別でアスレジャー関連が伸長していることから，アスレジャーを意識した一般人向けのシューズ，アウトドア関連，日常に着用できるアスレチックウェアなどの商品展開の比重を高めるのがよいだろ

う。また，経常利益率では，突出して高いシマノや，他社が横ばい
か減少傾向の中ゴールドウインが伸長していることから，その要因
を分析し，見習えることを参考にするのがよいと考える。

　図表2-11 は，経常利益率の過去 5 年間の推移を表したものであ
る。最も利益率が高いシマノは横ばい傾向にあるものの 2019 年 12
月期は 19%と突出している。次に利益率が高いゴールドウインは堅
調な伸びをみせ，7%台から 3 期連続で上昇し，2019 年 3 月期は 15%
と増加した。3 番目に経常利益率が高いデサントは若干横ばい減少
傾向にあるものの，5 期平均で 7%である。その他 4 社は 5 期平均
で 2%-5%台にとどまっている。国内 3 位の売上高規模を誇る美津
濃は，直近 2 年間は持ち直しているものの，5 期平均では 2%台と
最下位である。国内最大規模のアシックスは，5 期平均では 5%台
であるものの，2014 年の 10%から毎年減少し，2018 年には 2%に
まで落ち込んでしまっている。

図表2－9 日本国内スポーツブランド企業売上高推移とGDP推移

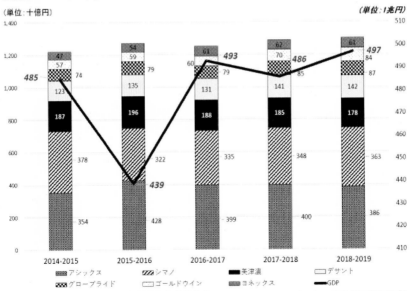

（各社有価証券報告書, macrotrends.net, worldbank.orgを参考に筆者作成）

25

図表 2－10 日本国内スポーツブランド企業 2019年セグメント別売上高比率

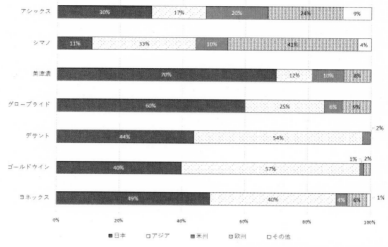

図表 2－11 日本国内スポーツブランド企業売上高経常利益率推移

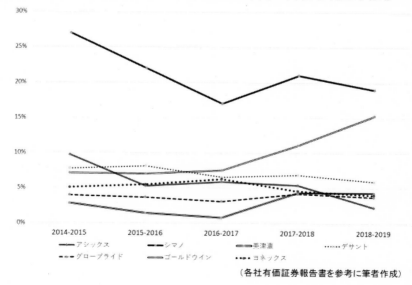

②　有価証券報告に基づく現状分析～キャッシュ・フロー分析～

　キャッシュ・フロー計算書は，企業が期首の時点で保有する資金額が，期中の増減を経て期末の資金額に達するプロセスを説明する書面である（桜井・須田，2019）。この計算書で資金とは「現金及び現金同等物」をいう。この書面によって企業の資金の変動を適切に表示するため，企業が営む活動の種類に応じて，キャッシュ・フローを区分するのが有効であるとし，①営業活動，②投資活動，③財務活動の3つに区分されている。営業活動は，企業が主として営む事業に関連する活動であり，売上収入や仕入の支出，人件費や販売・管理費の支出が中心となる。投資活動は，設備投資，証券投資，融資の3つから構成され，いずれも調達資金を各種の資産に投下することに関連している。投資活動がプラスになるときには中古設備の売却収入，有価証券の売却収入，貸付金の回収による収入などが含まれる。一方，投資活動がマイナスになるときには，固定資産への資本的支出，有価証券を取得するための支出，新規の貸付などがある。財務活動は，資金の調達と返済からなる。財務活動がプラスとなるときは，新規に借り入れを行ったり社債発行および増資を行ったときである。マイナスなときには，借入金返済や社債の償還が含まれる。

　日本国内スポーツブランド企業7社のキャッシュ・フロー計算書をまとめたものが図表2-12である。7社全体をみると，すべて営業キャッシュ・フローはプラスとなっており，本業でしっかりと稼ぐことができている。投資キャッシュ・フローは，5期累計の営業活動，投資活動，財務活動の合計であるフリーキャッシュフローが7社ともすべてプラスであることから無理な投資はしていないことがうかがえる。全般的には営業活動で投資，返済がまかなえているものの，美津濃，グローブライドの2社に関しては，経常利益率が低く営業活動で稼げている以上の投資をしているといえることから，今後は投資が利益に結び付くような効果を検証していくべきであろう。

4. まとめと今後の展望

　スポーツ用品市場にアスレジャーブームが影響を与えて市場を拡大する中，世界の 5 大スポーツブランド企業と SPA をみると，年間売上高 4.4 兆円企業の NIKE を筆頭に，INDITEX（3.6 兆円），H&M（3.0 兆円），ADIDAS（3.0 兆円），ファーストリテイリング（2.3 兆円）の 5 社に次ぐのは 5000 億円規模の企業群であり，他社を圧倒していることがわかった。これら 5 社に共通するのは，スポーツブランドまたはアパレルブランドとしてのコアビジネスを基にそれぞれがアスレジャーを意識した製品展開も行っていることと，グローバルな協力生産拠点と販売網を持っていることである。

　日本の国内スポーツブランド企業は，有価証券報告書を基にした分析から，ビジネスモデルとしても間違っておらず，堅実な経営を国内市場中心に行っていることがうかがえた。しかしながら，全体的なトレンドとしては，海外売上高比率を上げていくことによって成長している世界的スポーツブランドや，SPA と比較すると厳しい状況といわざるをえない。国内企業が参考にすべきことは，グローバル展開すればいいわけではなく，自社の強みを活かし他社との差別化を行ったうえでアスレジャーを取り込みつつ，利益率重視で拡大を目指すことである。

　現在世界で NO.1 の NIKE は創業当初，アシックスのオニツカタイガーの米国総代理店としてのビジネスモデルからスタートした。当時社長のフィル・ナイト氏は，米国内でドイツ製のカメラより日本製のカメラの人気が高まっている機運を察知し，魅力あるオニツカタイガーを自ら米国内で販売したいと思ったそうだ（NHK，2018）。このように，元来日本企業は電化製品のみならずスポーツ用品においても世界を魅了する商品を世に送り出してきた。国内スポーツブランド企業にとっては，国内でも無難に成り立っているビジネスモデルではあるが，NIKE も ADIDAS も自国だけでなく，世界のスポーツブランドとして新興国やアスレジャーの需要を取り込み，成長を続けている。更なる成長を目指すためには，世界に出ていき地域の需要やトレンドに即した展開を行っていく必要があ

図表 2-12 日本国内スポーツメーカーの売上高・経常利益率・キャッシュフローの推移

表2-1 株式会社アシックス

決算年月	2015/12月	2016/12月	2017/12月	2018/12月	2019/12月	5期累計
売上高（百万円）	428,496	399,107	400,157	386,662	378,050	
経常利益率	5%	6%	5%	2%	3%	
営業活動によるキャッシュフロー（百万円）	18,301	37,971	37,136	11,049	14,792	119,249
投資活動によるキャッシュフロー（百万円）	△8,706	△14,046	△13,788	△5,467	△12,185	△54,192
財務活動によるキャッシュフロー（百万円）	△12,764	△5,024	△11,548	△13,753	△29,471	△72,560
フリーキャッシュフロー（百万円）	9,595	23,925	23,348	5,582	2,607	65,057
現金及び現金同等物の期末残高	46,015	63,638	78,102	65,877	37,985	
営業活動によるキャッシュフローの伸び率	100	207%	203%	60%	81%	

表2-2 株式会社シマノ

決算年月	2015/3月	2016/3月	2017/3月	2018/3月	2019/3月	5期累計
売上高（百万円）	378,645	322,998	335,800	348,035	363,230	
経常利益率	27%	22%	17%	21%	19%	
営業活動によるキャッシュフロー（百万円）	81,309	64,034	69,265	49,593	67,897	66,420
投資活動によるキャッシュフロー（百万円）	△26,259	△34,054	△51,657	△49,008	34,409	△25,314
財務活動によるキャッシュフロー（百万円）	△14,508	△15,536	△15,173	△21,709	△12,832	△15,952
フリーキャッシュフロー（百万円）	55,050	29,980	17,608	585	102,306	25,154
現金及び現金同等物の期末残高	187,869	196,453	199,762	176,392	264,738	205,043
営業活動によるキャッシュフローの伸び率	100	79%	85%	61%	84%	

表2-3 美津濃株式会社

決算年月	2015/3月	2016/3月	2017/3月	2018/3月	2019/3月	5期累計
売上高（百万円）	187,076	196,072	188,718	185,399	178,108	
経常利益率	3%	1%	1%	4%	4%	
営業活動によるキャッシュフロー（百万円）	5,795	1,742	9,229	11,301	4,048	32,115
投資活動によるキャッシュフロー（百万円）	△2,791	△2,157	△1,150	△4,072	△1,917	△12,087
財務活動によるキャッシュフロー（百万円）	783	△4,208	△7,572	△5,762	△2,426	△19,185
フリーキャッシュフロー（百万円）	3,004	△415	8,079	7,229	2,131	843
現金及び現金同等物の期末残高	18,989	14,176	14,448	15,976	15,527	
営業活動によるキャッシュフローの伸び率	100	30%	159%	195%	70%	

表2-4 株式会社デサント

決算年月	2015/3月	2016/3月	2017/3月	2018/3月	2019/3月	5期累計
売上高（百万円）	123,128	135,778	131,543	141,124	142,443	
経常利益率	8%	8%	7%	7%	6%	
営業活動によるキャッシュフロー（百万円）	10,310	9,883	5,520	12,523	11,137	49,373
投資活動によるキャッシュフロー（百万円）	△4,313	△5,245	△6,165	△6,361	△8,267	△30,351
財務活動によるキャッシュフロー（百万円）	△961	925	△1,643	△1,560	△2,136	△7,225
フリーキャッシュフロー（百万円）	5,997	4,638	△645	6,162	2,870	19,022
現金及び現金同等物の期末残高	22,070	25,129	21,907	27,369	27,229	
営業活動によるキャッシュフローの伸び率	100	96%	54%	121%	108%	

表2-5 グローブライド株式会社

決算年月	2015/3月	2016/3月	2017/3月	2018/3月	2019/3月	5期累計
売上高（百万円）	74,153	79,026	79,142	85,785	87,811	
経常利益率	4%	4%	3%	4%	4%	
営業活動によるキャッシュフロー（百万円）	2,565	2,796	2,563	4,334	3,705	15,963
投資活動によるキャッシュフロー（百万円）	△2,760	△2,620	△1,226	△3,476	△1,934	△12,016
財務活動によるキャッシュフロー（百万円）	△460	246	△1,381	△262	△1,828	△3,685
フリーキャッシュフロー（百万円）	△195	176	1,337	858	1,771	3,947
現金及び現金同等物の期末残高	4,102	4,536	4,308	5,145	4,872	
営業活動によるキャッシュフローの伸び率	100	109%	100%	169%	144%	

表2-6 株式会社ゴールドウイン

決算年月	2015/3月	2016/3月	2017/3月	2018/3月	2019/3月	5期累計
売上高（百万円）	57,417	59,713	60,903	70,420	84,934	
経常利益率	7%	7%	8%	11%	15%	
営業活動によるキャッシュフロー（百万円）	3,108	4,315	4,241	9,131	13,163	33,958
投資活動によるキャッシュフロー（百万円）	△1,463	△2,987	△2,773	△5,981	△2,084	△15,288
財務活動によるキャッシュフロー（百万円）	△2,051	376	104	△1,332	△7,933	△11,044
フリーキャッシュフロー（百万円）	1,645	1,328	1,468	3,150	11,079	7,626
現金及び現金同等物の期末残高	4,308	6,001	7,414	9,233	12,356	
営業活動によるキャッシュフローの伸び率	100	139%	136%	294%	424%	

表2-7 ヨネックス株式会社

決算年月	2015/3月	2016/3月	2017/3月	2018/3月	2019/3月	5期累計
売上高（百万円）	47,619	54,159	61,042	62,188	61,097	
経常利益率	5%	5%	6%	5%	4%	
営業活動によるキャッシュフロー（百万円）	1,023	3,638	3,241	2,783	2,283	12,968
投資活動によるキャッシュフロー（百万円）	△2,081	△3,635	△2,674	△1,170	△1,635	△11,195
財務活動によるキャッシュフロー（百万円）	848	721	2,022	△918	△1,092	1,581
フリーキャッシュフロー（百万円）	△1,058	3	567	1,613	648	3,354
現金及び現金同等物の期末残高	7,962	8,445	10,815	11,590	10,901	
営業活動によるキャッシュフローの伸び率	100	356%	317%	272%	223%	

（各社有価証券報告書を参考に筆者作成）

るだろう。国内においては，アスレジャー需要を取り込むことはもちろん，既存の世代のみならず新しい世代に支持されること，ブランド力をつけて海外からのインバウンドに応える価値あるサービスの提供をしていく必要があるだろう。最近ではワーキングウェア・作業用品の専門店を展開する 2019 年年間売上高 930 億円のワークマンも低価格と品質を武器にアスレジャー市場に参入している。スポーツブランドも自社の強みを活かした製品開発がいっそう求められているだろう。

　他業態では，2019 年 9 月 12 日に，ヤフーが衣料品の通販サイト大手の ZOZO の買収を発表したことは人々に驚きを与えた。これは，ネット通販事業に力を入れはじめているヤフーが若い世代に人気の「ゾゾタウン」を取り込むことで，ライバル企業に対抗するために，新しい世代に支持されるビジネスを効率よく展開していくための経営判断の事例である。このように，他業種では業務提携，資本提携，持ち株会社設立などが増えてきている。海外展開に挑戦するには，スピードが求められる昨今スピード力ある海外展開のノウハウを持った企業の傘下に入ることも自社資源の有効活用となり，新たな成長の糧となるかもしれない。

　なお，2020 年 9 月現在において，2019 年 12 月に中国武漢で初の患者を出した新型コロナウイルスの流行が世界中に広がりをみせ，全世界でおよそ 3200 万人の感染者（うち 98 万人の死者）が発生しており，未だ収束していない（WHO，2020）。東京オリンピック・パラリンピック 2020 も延期の決定が下されているほか，様々なスポーツイベントが中止や延期，無観客での開催となっている。世界的に経済状況が悪化していることから，スポーツ業界においても 2020 年以降はこれまでどおりの方策では継続的な発展は難しいであろう。コロナ禍において，経済的な不安やリモートワークが増えることによる消費者の買い控えが進む中，人々のライフスタイルにマッチした製品展開をして，消費者に選んでもらえるような自社の強みを活かしたマーケティングを実践すべきであろう。

＜課題＞
　世界情勢の変化（政治・経済・社会・感染症流行等）に伴って，

スポーツ用品産業を取り巻く環境も変化している。現状のスポーツブランド企業や SPA アパレルブランド企業，その他企業の動向を整理しつつ，将来の動向を予測してみよう。

＜参考文献＞
原田宗彦（2016）進化するスポーツ産業.原田宗彦編著，スポーツ産業論（第 6 版）.杏林書院，pp.2-17.
桜井久勝・須田一幸（2019）財務会計・入門 （第 12 版補訂）.有斐閣.
矢野経済研究所編・発行（2017）スポーツ用品市場に関する調査を実施.
矢野経済研究所編・発行（2018）アスレジャー市場に関する調査を実施.
矢野経済研究所編・発行（2019）2019 年版スポーツ産業白書（概要版）.
矢野経済研究所編・発行（2020）2020 年版スポーツ産業白書（概要版）.

＜参考資料＞
ファーストリテイリング，第 58 期有価証券報告書
グローブライド㈱，第 64 期有価証券報告書
㈱アシックス，第 66 期有価証券報告書
㈱デサント，第 62 期有価証券報告書
㈱ゴールドウイン，第 68 期有価証券報告書
㈱シマノ，第 113 期有価証券報告書
美津濃㈱，第 106 期有価証券報告書
ヨネックス㈱，第 62 期有価証券報告書

＜TV 番組＞
NHK おはよう日本，2018 年 4 月 18 日放送.

＜参考 URL＞
ADIDAS ， INVESTORS:FINANCIAL PUBLICATIONS:2019. https://www.adidas-group.com/en/investors/financial-reports/ （参照日 2020 年 6 月 1 日）.
FASHION NETWORK， H&M とプロテニス選手トーマシュ・ベルディハ が パ ー ト ナ ー シ ッ プ 締 結 ． https://jp.fashionnetwork.com/news/h-m とプロテニス選手トマーシュ-ベルディハがパートナーシップ締結，306034.html, 2013.（参照日 2020 年 1 月 27 日）.

Forbes, The World's Largest Public Companies 2000.
　　https://www.forbes.com/global2000/#1818d9e5335d（参照日 2020
　　年 6 月 1 日）．
H&M Group, Annual Reports.
　　https://hmgroup.com/about-us/corporate-governance/annual-report
　　.html（参照日 2020 年 6 月 1 日）．
INDITEX, Annual Reports.
　https://www.inditex.com/investors/investor-relations/annual-reports
　（参照日 2020 年 6 月 1 日）．
五十君花実,ユニクロがスウェーデンオリンピック委員会とパート
　　ナーシップ.https://www.wwdjapan.com/articles/782341,2019.
　　（参照日 2020 年 1 月 27 日）．
Macrotrends, The Premier Research Platform for Long Term Investors.
　　https://www. macrotrends. net （参照日 2020 年 3 月 21 日）．
日本経済新聞, ZARA, 日本でスポーツウェア投入.
　　https://www.nikkei.com/article/DGXLZO98921180W6A320C1TJC
　　000/, 2016 年 3 月 26 日（参照日 2020 年 1 月 7 日）．
NIKE, INC. 2019 ANNUAL REPORT.
　　https://investors.nike.com/Home/default.aspx（参照日 2020 年 6
　　月 1 日）．
PUMA, ANNUAL REPORT 2019.
　　https://about.puma.com/en/investor-relations/financial-reports
　　（参照日 2020 年 6 月 1 日）．
The World Bank, National accounts data and OECD national accounts
　　data files.
　　https://data.worldbank.org/indicator/NY.GDP.MKTP.CD （参照日
　　2020 年 6 月 1 日）．
UNDER ARMOUR, UA INVESTOR RELATIONS.
　　https://about.underarmour.com/investor-relations/ （参照日 2020
　　年 6 月 1 日）．
WHO Coronavirus Disease（COVID-19）Dashboard, 2020.
　　https://covid19.who.int/（参照日 2020 年 9 月 20 日）．
YAHOO! JAPAN ファイナンス.https://stocks. finance. yahoo. co. jp
　　（参照日 2020 年 6 月 1 日）．

（齋藤　れい）

第 3 章

プロスポーツのマネジメント

1. 浦和レッズの事例

(1) 浦和レッズ概要

　浦和レッズ（以下レッズ）は，埼玉県さいたま市に本拠地を置く
Jリーグクラブチームである。多くの熱狂的なファンを抱えている
ことでも有名なクラブである。2018 年の当期純利益は 3900 万，2019
年は 6200 万円にとどまったが，2017 年の当期純利益は約 3 億 3000
万円，2016 年の当期純利益は 1 億 6000 万円であった（浦和レッド
ダイヤモンズ公式サイト）。

　2019 年の観客動員数は 2 位の FC 東京の 3 万 1540 人を上回り，
最多観客動員数を誇っている（Jリーグ公式サイト参照）[1]。公益社
団法人日本プロサッカーリーグ　クラブ経営本部　クラブライセン
ス事務局が公表している「2019 年度　クラブ経営情報開示資料」に
よるとレッズの売上高 82 億円はJリーグクラブの平均（約 49 億円）
を大きく上回っており，ヴィッセル神戸の 114 億 4000 万円に次ぐ
数値である（2017 年は売上高はレッズが 1 位も，2018 年から逆転）。

(2) 浦和レッズの誕生

　レッズがホームタウンとする埼玉県浦和市（現さいたま市）は
元々サッカーが盛んな都市であった。その歴史は埼玉高等師範学校
（現埼玉大学）の時代まで遡り，1937 年に同校は第 19 回全国中等
学校大会優勝をおさめている。ここでサッカーを学んだ部員たちは，
教育場へと入り，部活動だけでなく学校教育の場でも積極的にサッ

---

[1] 2020 年の観客動員数は，コロナウイルスの影響による入場者数の制限などもあり，
133,780 人にとどまっている（Jリーグオフィシャルサイト参照）。

図表 3-1　浦和レッズ企業概要

会社名	浦和レッドダイヤモンズ株式会社
所在地	埼玉県さいたま市緑区
設立	1992 年 3 月
資本金	2 億 7280 万円
株主	ダイヤモンド F.C. パートナーズ株式会社，埼玉県，さいたま市，スポンサー等 42 社
主な事業	プロサッカーチームを保有し，プロサッカー試合の興行，プロサッカーに関する広告宣伝及びグッズの開発・販売
売上高（2019 年）	82 億 1800 万円（入場料収入約 23 億円，広告料収入約 38 億 4100 円，グッズ収入 9 億 300 万円，J リーグ分配金約 4 億 6800 万円，その他約 7 億 600 万円）
営業利益（2019 年）	1 億 3900 万円
当期純利益（2019 年）	6200 万円
観客動員数（2019 年）	3 万 4184 人

浦和レッドダイヤモンズ公式サイト「会社概要」，「経営情報」，J リーグ公式サイトを参考に筆者作成。

カーを取り入れていくのはごく自然な流れであると言えよう。野球よりもサッカーが盛んな地域性の所以はここにあると言える。戦後には浦和市の公立高校 4 校が全国制覇を経験し，「浦和を制する者は全国を制する」と言われるようになった。浦和市民の「サッカーの街」という自負はこういう歴史から形成されていったものと考えられる。

　プロサッカー設立の動きに伴い，浦和市もそれに参加しようという動きが出てくるのは，ごく自然な流れであったと言える。地元の青年会議所を中心に「浦和にプロサッカー球団をつくろう会」が組織され，つくろう会を中心にサッカーチームの誘致活動を展開された。そして，つくろう会は同じく受け入れ先を探していた三菱自動車サッカー部を誘致し，92 年 3 月に「株式会社三菱浦和フットボ

ールクラブ」（愛称浦和レッドダイヤモンズ）が誕生するのである
（2012 年 5 月に現社名へ変更）。「つくろう会」はＪリーグ開幕前
まで，クラブや市，県，地域財界などの中心となりスタジアムの候
補地やサポーター制度などの具体的運営指針を話し合うという役
割を果たし，Ｊリーグ開幕後に解散する。そして旧つくろう会メン
バーを中心に浦和レッズ後援会が設立される。「後援会」はサポー
ターズ・クラブ（後述）の活動についていけない人々（高齢者・女
性・子どもなど）を対象（レッズをボランティア活動から支えてい
く）とし，老後の楽しみ・地域の広い世代の人々との交流を生んだ。
レッズの設立に当たり，何よりも先になされたのが「オフィシャ
ル・サポーター・クラブ」の組織化である。日本で最初に組織化さ
れた「サポーターズ・クラブ」であり，イタリアのユベントス，ド
イツのバイエルン・ミュンヘンなどの欧州のプロサッカークラブを
ヒントにしている。レッズでは，試合のたびにゴール裏に陣取り，
熱狂的に贔屓チームを応援する欧州プロサッカークラブのサポー
ターの応援スタイルにプロ野球とは違う今後の日本のプロスポー
ツの方向性を見出していたのである。オフィシャル・サポーターズ
クラブでは，
・　3 名以上の会員により登録
・　1 団体につき一つ応援旗を渡す
・　各々のクラブ名と連絡先は「オフィシャル・ハンドブック」に
　　掲載
し，特典はつけなかった。応援活動を対価の無い行為とし，チーム
に言いたいことを言えるようにしたのである。このサポーターズ・
クラブは後援会と並存する形で組織化された（大住，1998）。

（3）　サポーターとクラブの接点の確保

　93 年 4 月にＪリーグが開幕するが，どのクラブもチケットは入
手困難，連日超満員であり，Ｊリーグは一種の社会現象となる。レ
ッズでもスタジアムに入れないサポーター多数おり，後援会が駒場
外にオーロラビジョンを設置し，スタジアムに入れないサポーター
にその模様をリアルタイムで伝えるよう努めた。
　連日超満員ゆえ，チケットを買うことができないサポーターも当

然数多くいる。そして彼らはレッズに「チケットが買えない」という苦情を寄せることとなる。レッズではサポーターへの苦情に対してどのように対応したのであろうか。

サポーターへの対応方法 1:チケットの地元優先販売制度（NTT 自動抽選システム）

　今まではサポーターはチケットを購入するために，チケット売り場に並んで時には徹夜でチケットを購入していた。こうしたサポーターの負担を軽減したのがチケットの地元優先販売制度である。この制度は NTT の協力の下に作られ，チケットの購入希望者の電話の発信番号により，居住地域を識別し，浦和市在住者は一般の抽選に先駆けてチケットの抽選に参加を可能にしたシステムである。浦和在住のチケットの購入希望者はこの抽選に外れても，一般発売で再度抽選に参加することが可能となり，浦和市の在住者は二度のチケットの抽選のチャンスに恵まれることとなり，浦和在住者のチケットの入手可能性を上昇させたのである（大住，1998）。

サポーターへの対応方法 2:駒場スタジアムの改修（第二次）

　スタジアムに入ることのできないサポーターが数多くいるならば，スタジアムの収容定員を増やすというのは，より多くのサポーターをスタジアムに収容させるひとつの手段である。そこでレッズでは，より多くの観客の収容が可能なスタジアムを作り直すことを考えた。しかしながら，スタジアムは，浦和市（現さいたま市）の施設であり，改修するためには市の許可が必要である。地域の盛り上がりもあり自治体の協力はスムーズで，約 45 億円を投じられ，改修は終了した（大住，1998）。改修の際には，観戦に訪れる観客のために，いくつかの配慮をした。まずは，両ゴール裏の椅子を撤去した。ゴール裏のサポーターは終始立ちっぱなしで応援するため，座ることがないためである。ゴール裏の席は，椅子を撤去した分チケット料金を割り引いた。その他，見晴らしの良いバックスタンド中央席を自由席化し，価格負担の大きい家族連れに配慮した（大住，1998）。これらの座席設定は，レッズにとっては減収になるが，レッズでは，サポーターや地域の人々が「毎回気軽に応援しにきてく

れること」を重視していたのである。その他，シーズンチケット席を駒場スタジアム全体の 6 割（1 万 2,258 席）に決定した（大住，1998）。シーズンチケットの購入希望者は駒場スタジアムの収容定員を超えるほどいたが，レッズでは，敢えてすべてをシーズンチケットの席とせず，新規の観客が駒場スタジアムへと訪れることができるように配慮したのである。

サポーターへの対応方法 3:クラブとサポーターの接点の確保

　レッズでは，サポーターが何を考えているのか，クラブに対して何を望んでいるのかを把握するために，多様な手段で彼らとのコミュニケーションをし，彼らの考えやレッズへの要望を理解するとともに，レッズの理念を理解してもらえるよう努めていた。

① シーズンチケット購入申し込みの際の電話対応

　シーズンチケットの購入申し込みの際には，直接フロントが購入希望者と話すことにより，サポーターの考えを知ることに努めていた。

② オフィシャル・マッチデー・プログラム

　試合会場で販売されている「オフィシャル・マッチデー・プログラム」は，サポーター同士の意見交換や交流の場としてだけでなく，サポーターがクラブへ意見をぶつける場としても機能していた。

③ 試合後の対応

　試合に負けるたび，納得いかず（暴徒と化した？），中々帰らないサポーターを，レッズのフロントが毎回懸命になだめていた。直接自分たちが出て行き，なだめることで彼らの不満を受け止めたのである。

　以上のサポーターに密着した，サポーターの声を理解しようというレッズの行為は，三菱重工サッカー部時代（日本リーグの名門）からのサッカー，そしてプロサッカーのあるべき姿（海外のモデル）に精通したフロントが数多くいたことが大きかったのではないか

と考えられる。サポーターや地域住民のレッズへの考え方，レッズへの重なり方，繋がり方は様々であり，レッズが色々なニーズを持つ色々なサポーターに対して門を閉ざさず，色々な形で手を差し伸べてあげられることが大事なのである。すなわち，ファンの色々な楽しみ方を応援し，支援してあげる姿勢が重要なのである（筆者が2003年9月19日に行った浦和レッズ関係者へのヒアリングより）。

（4） 犬飼社長による経営方針の転換

　J1に復帰した2000年（J1復帰）以降レッズは，「地域の人々に愛されるクラブづくり」のため積極的に地域・サポーターへ働きかけ，地域の人々から支持されることを目指した。2000年2月には，地域にはたらきかけていくための専門部署である「ホームタウン部」を設置し，後援会の新田博利をフロントに招聘している。その他，地域に根付いた活動として，八王子グラウンドに代表される地域のグラウンドの改修や，老若男女対象のサッカー指導者の派遣事業である「ハートフルクラブ」などを行っている。その他，県・市サッカー関係者，自治体，企業などの地域関係者との連絡会・会合である「ホームタウン連絡会」を組織し，地域ステークホルダーのレッズへのニーズの把握に努めている。2005年には，会員制のスポーツクラブである「レッズランド」がオープンし，地域住民に対し，開かれたスポーツの「場」を提供している。以上のように，レッズでは，子どもや高齢者，主婦など，地域の人々にレッズを知り，親しんでもらう機会の積極的な提供に努めている（大野，2008，2010）。

　スポンサーに対しては，スポンサー獲得においては，公開コンペ導入による入札方式を採用しており，入札額の高額化を実現している。基本的にはレッズでは，スポンサーとは緊密に連絡を取り合い，話し合い，スポンサー企業の業種，要望を把握した上で，双方が満足のいく形になるよう努めている。こうした事例としては，埼玉県信用金庫の福田正博の起用・毎年のサッカー教室の開催，カブドットコムにおけるイメージキャラクターとして坪井慶介を起用したことなどを挙げることができよう。

　2002年6月の三菱自動車で海外本部の欧州部長などを務めた犬

飼基昭[2]の社長就任時より，本格的なチーム強化が開始される。この時期には埼玉県は日韓共催ワールドカップに合わせ，6万3700人収容の埼玉スタジアム2002を完成させ，レッズにも埼玉スタジアムの使用を要請した。しかしながら，当時本拠地としていた駒場スタジアムと埼玉スタジアムでは著しい収容人員の差があり，6万人を集めるためには，おおよそ60万人のファン，サポーターの母集団が必要とされることになると考えられた。こうしたサポーター，ファンを増加させる必要性に迫られた犬飼が取った施策はチームの強化により，勝てるチームを作り上げることで多くの人々をサポーター，ファンにしていくことであり，犬飼は，そのための先行投資を惜しまなかった（依田，2010）。

2002年にハンス・オフトが監督就任し，コーチング体制の充実が図られるとともに，ユース部門の充実・強化が図られ，クラブハウス等の施設の充実もなされた。また選手への投資も惜しまず，日本代表経験のある都築龍太，田中マルクス闘莉王，酒井友之，三都主アレサンドロなどを獲得した（依田，2010）。こうしたチーム強化に向けた施策は，優勝を狙えるチームをつくり，サポーターの満足度を向上させることを目指してのものである。チームが強くなり，全国区のチームとなることで，ネームバリューもアップし，大企業のスポンサー獲得も可能になり，レッズの収入を上昇する。そうすれば，戦力もさらに充実し，J1でも常に優勝を狙えるチームとなることが可能である（『SMR』第5号）。

こうしてレッズでは，ファン，サポーターに喜んでもらえる試合をすることで，お客さんに入場料を払ってもらい，あがった利益を基に，コーチングスタッフ，選手の強化，環境整備に再投資するという勝ちパターンの投資のサイクルを確立し，2005年には親会社である三菱自動車の広告宣伝費による赤字補填を受けることなく黒字経営に転換し，三菱自動車との損失補填契約を解消したのである（依田，2010）。

この他，レッズでは，海外サッカーとのパイプの強化のため，ドイツのプロサッカークラブ，バイエルン・ミュンヘンとの業務提携

---

[2] 犬飼は2002年6月から2006年の6月までの4年間レッズの社長を務めている。

の契約を締結している。この契約は，選手や指導者の獲得，シティカップの開催のための相手チームの確保，海外企業のスポンサー獲得などを視野に入れての行動である（『SMR』第5号）。

（5） サポーターとの接触基盤の強化

こうした個々のファンに密着した行動を行っていくには，まず顧客との接点づくりを実現していくことが求められる。

レッズでは，2015年に顧客ロイヤリティプログラムであるREX CLUBを開始する。REX CLUBでは，会員となることでオリジナルグッズを受け取ることができる以外に，スタジアムに来場したり，チケットを購入したり，レストランで食事をしたり，応援している選手が活躍するたびにポイントが加算され，このポイントは保冷用のボトルやピンバッジなど様々なグッズと交換したり，選手のロッカールームに入るツアーや選手が登場するイベントに参加する権利などが与えられる（涌田，2019）。

涌田（2019）は，レッズによるREX CLUBの開始の目的を，レッズのサポーターとの接点が極めて多様になっており，REX CLUBによりこの多様化したコミュニケーション経路を一元化し，コミュニケーションの重複化による時間や経費の削減であるとしている。

またスポンサーに対しては，Reds Business Clubというスポンサー・パッケージを販売し，スポンサーはこのパッケージを購入することにより，スタジアムで広告を掲出したり，自社の封筒やホームページにレッズのロゴを入れることが可能になる（涌田，2019）。

レッズでは，REX CLUBにより，多様化する観客とのコミュニケーション基盤を獲得するとともに，彼らの行動や，思考そして購買経路を把握することが可能になるとともに，多様化する観客とのコミュニケーションを取ることを比較的容易なものとすることを可能にしたのである。

2. プロスポーツクラブのマネジメント

本節では，レッズの事例を踏まえ，プロスポーツクラブのマネジ

メントについて考えていきたい。「マネジメント」は，組織の存続・成長を実現していくための営みであり，ヒト，モノ，カネ，情報という経営資源の獲得と活用を通して行われる。第1章でも述べたように，プロスポーツクラブでは，観客が支払う入場料収入だけでなく，ファンが購入するグッズ売上，スポンサーが支払うスポンサー契約料，チーム関連の製品を作りたい企業が支払うライセンス契約料，チームの試合を放送したりテレビ局やラジオ局が支払う放映権料など多様な収入形態があり，それこそがプロスポーツというビジネスを独自なものにしている。しかしながら，すべての根幹となるのは多くのファンに支えられることである。多くのファンがチームを支えてくれることにより，初めて企業やテレビ局もそのチームへアクセスするのである。その意味では，プロスポーツクラブのマネジメントにおいてまず重要となるのはいかにファンとの関係性を構築し，それを展開するかということである。

　こうした関係性に焦点を当てた経営方法として挙げられるのがリレーションシップ・マーケティングである。これは，顧客と良好な関係性を構築することにより，長期にわたり顧客に製品を購入してもらおうとする戦略である。個人経営の居酒屋などで，マスターが客と仲良くなり，個人的に信頼されることにより，またお店に訪れてもらうようなことである。言い換えていくと，リレーションシップ・マーケティングとは，企業が顧客との関係性を深め，ロイヤルカスタマー（自社製品・サービスに対して忠誠心の高い顧客）を作り上げていくことにより，確実に収入を確保し，それを増やしていく戦略である。

　企業と顧客が関わり合うことは顧客の信頼を獲得するだけでなく，そのかかわりの中で製品開発やサービスにおける新たなヒントをもらったり，新たな価値を構築することを可能とするかもしれない。月並みではあるが，正解は顧客の中にあるため，顧客と関わり合いながら正解を模索したり，共創の中で新たなものを構築していくことは顧客の支持を得るうえで重要な視点であると言えよう。リレーションシップ・マーケティングは，以下のA〜Cの考え方を前提としている。

A. 顧客の多様性の認識

「既に作られた製品をいかに不特定多数の顧客に届けるか」（Ex. フォードのT型フォード）というマス・マーケティング的発想は，モノの少ない時代，消費者の可処分所得の低い時代ならば，唯一最善のマーケティング手法であったが，現代はモノが溢れ，人々の所得も増加している。そうしたモノが溢れている現代において，我々はそれぞれ違う人生・生活を営んでおり，製品・サービスに求めていることもそれぞれ異なっている。

B. 長期的関係の形成

短期の利益獲得ではなく，長期に渡る利益の獲得の獲得を目指すことである。つまり，いかに，自社・自社製品のファン・リピーターにするかを考えることである。

C.イノベーションの主体としての顧客

新製品・イノベーションのアイディアは顧客との対話の中で発見される可能性があるということである。そのため，顧客の顕在的・潜在的ニーズを探る作業がマーケティングには絶えず求められるのである。

プロスポーツ経営で言えば，クラブがファンへの関係性を深めていくことにより，ファンの信頼を構築し，ファンのクラブへのコミットを深めていこうとする戦略である。「ファンのロイヤリティを高めるべきだ」という議論はスポーツマネジメント研究においても，プロスポーツクラブ経営の実務においてもその必要性は絶えず叫ばれてきた。ここでは，リレーションシップ・マーケティングの視点からプロスポーツクラブ経営においてファンのロイヤリティを高める方策について検討したい。

① セグメンテーション

第1章でも述べたが，まず求められるのは，クラブの潜在的な観客を分類してみることが求められる。居住地域や年代，性別，観戦頻度，チームやその競技そのものの知識や愛着など多様な視点から

観客を分類してみることが求められる。

　プロスポーツクラブが活動拠点を置く地域は地方都市である場合も多い。東京や大阪などの大都市であれば，狭いターゲッティングでもそれがうまく機能すれば多くの観客をスタジアムに集め，満員にすることができるかもしれない。しかしながら人口やその競技の愛好者が限られた地方都市においては限られたセグメントのみをターゲットしていたのではスタジアムを埋めることは難しいであろう。そうなると，地方都市におけるプロスポーツクラブの場合は，セグメンテーションは絞り込みをするためのものではなく，それぞれのセグメントに対してどのように働きかけるかの方針を決定するためのものとなる。

　レッズの場合は，自らのターゲットを地域住民であると捉え，多様な地域住民をまずはセグメント化している。セグメント化することにより，それぞれのセグメントにどのように働きかけていくべきかという指針を立てやすくなるためである。

② コミュニケーションのための「場」の設定

　次は，高室（2012）などにおいても指摘されているが，企業と顧客がコミュニケーションするための場を設定することである。企業が顧客に信頼されるためには，相手を理解し，自分を理解してもらうためのコミュニケーションが必要不可欠である。

　例えば，パナソニックなどは，レッツノート購入者に対して，「Let's note マイサポート」という会員制サポートシステムのようなアフターサポートのしくみを準備しておくことにより，故障やトラブルによって顧客との関係が途切れてしまうことを防ぐとともに，苦情や不満をひとつのチャンスと捉えて顧客との絆を強めるような取り組みをおこなっている（高室，2012）。

　レッズにおいても，セグメンテーションした多様な地域住民とコミュニケーショする場を確保している。レッズでは，シーズンチケット購入の際の電話対応，オフィシャル・マッチデー・プログラム，浦和レッズを語る会，ホームタウン連絡会など，地域の多様なサポーターとコミュニケーションする機会を設け，サポーターや地域住民が何を考えているのかを把握する機会を設けていた。その上で，

そうした声をクラブ経営に取り入れていた。そこには，クラブをファンと共に作り上げていく，すなわちファンとともにクラブの未来を共創していくスタンスを取っていたのである。こうしたクラブの姿勢はファンの信頼を獲得することにつながったのである。

③ 新たな価値の共創[3]

　次は，顧客とのかかわりの中で，製品やサービスを改良したり，製品開発のアイディアを得るなど新たな価値を創造していくことである。そうすることにより製品・サービスの魅力を高めていくことが可能になる。

　プロスポーツという製品（サービス）は，サービスの提供者であるクラブとサービスの消費者である観客が同じ時間の中で提供が行われるライブ性を有している。このライブは，観客の参加もまたその品質に大きな影響を与えることは想像に難くない。レッズの場合は，多くの熱心なファンやサポーターがスタジアムに訪れ，赤で埋め尽くされた会場を作り上げ，サポーターが一矢乱れぬ応援を繰り広げる様は，レッズにより提供されるゲームの雰囲気を作るものであり，さらに言えば，レッズのゲームの品質を高めるものであると言える。その意味では，レッズにおいて，ファン，サポーターはゲームという製品をともに作り上げるアクターであると言える。そして品質を高められたゲームは新たなファンへの訴求を可能とするのである[4]。

　また，ファンとの関わりの中で，チケットの地元優先販売制度，駒場スタジアムの改修の際のゴール裏の座席のチケット価格の引き下げなどファンサービスを高めていく方法や施策についてファンと共創することにより，より多くのファンを獲得する基盤を構築することを可能とした。またスポンサーとのコミュニケーションの中で，彼らとより地域訴求力の高い地域貢献活動のあり方をともに考えることにより，地域への浸透度を高めることを可能にした。

　しかしながら高室（2012）が指摘しているように注意も必要である。あるセグメントのニーズは，他のセグメントのニーズと相反す

---

[3] 当該箇所は高室（2012），199-201頁に着想を得ている。
[4] 当該箇所は中川（2018），106-107頁に着想を得ている。

る危険性がある。レッズでもゴール裏に熱心に陣取るサポーターと，他のファンではレッズに求めていることは異なるかもしれない。その意味では，熱心なサポーターを立てすぎると，他のファンの利益は損なわれるかもしれず，多様なセグメントの地域住民と良好な関係性を構築・維持していくためには，それぞれのセグメント間の利害調整を適宜行っていく必要がある。その意味でも，地域における多様なセグメントとのたえざる対話が求められ，そのための場を設定することが必要になるのである。

④ C to C（Custmer to Custmer:顧客同士の相互作用）のための場の設定

　最後は，ファンのチームへのロイヤリティを高めるうえで重要なのは，クラブ側からの働きかけだけでなく，ファン同士が相互作用できる場を作ることである。第4章で述べるように，ファンは自分以外のファンとの関わりの中で，チームへの愛情を確認するとともにファンとしてのアイデンティティを構築していく。

　浦和レッズもまたオフィシャル・サポーターズクラブや後援会などのファン組織を有しており，彼らは仲間とレッズを応援していく中で，互いに互いを支え合い，レッズへの愛情を確認し，ファンとしての自分のアイデンティティを構築している。その意味では，ファンのクラブのロイヤリティを高めるためにはクラブからの働きかけ，すなわちB toC（Business to Custmer：企業から顧客への働きかけ）のみでは限界があり，C toCすなわち，ファンからファンへのはたらきかけが必要であり，ファン同士が相互作用できる「場」を設定する必要があるということである。

　涌田（2019）などは，レッズはファン同士の社会関係資本をマネジメントすることでクオリティを管理することにうまく対応したと論じている。羽藤（2018）に依拠しながら説明するならば，レッズはファンが他のファンとの相互作用自体に魅力を感じることにより，ファンコミュニティ，ひいてはレッズとの関わりを強めていくことに成功したということである。涌田や羽藤の指摘からも，ファンのクラブへのロイヤリティはクラブとファンとのコミュケーションによってのみ作られないことが分かるであろう。

3. おわりに

　以上，本章ではレッズを事例にしてプロスポーツクラブのマネジメントについて検討した。先述のように，プロスポーツクラブの収入形態は実に多様であり，プロスポーツクラブは，それぞれの経営の発展段階に応じたマネジメントが求められる。しかしながら先述のようにすべての収入の柱となるのは多くのファンがスタジアムに訪れてくれていること，すなわちロイヤリティの高いチームづくりを実現することである。そのような意味でも，わが国のプロスポーツクラブ経営において，レッズの事例から学べる部分が多いと言えよう。

＜課題＞
　以下の2つから1つを選んで考えてみよう。

① 　浦和レッズ以外で，リレーションシップ・マーケティングを活用し，成功を収めている国内外のプロスポーツクラブを探し，その経営方法を紹介した上で，その成功要因を分析しなさい。
② 　B to C と C to C の統合を可能とするようなスポーツビジネス（例えばプロスポーツクラブ，フィットネスクラブ，スポーツ教室など）の経営モデルを自分で考えてみなさい。

＜参考文献＞
羽藤雅彦（2018）ブランド・リレーションシップ．岡山武史編著，リレーションシップ・マーケティング―サービス・インタラクション―（第Ⅱ版）．五絃社，pp.75-88.
中川和亮（2018）ライブ・エンタテイメントとリレーションシップ・マーケティング．岡山武史編著，リレーションシップ・マーケティング―サービス・インタラクション―（第Ⅱ版）．五絃社，pp.101-116.
大野貴司（2008）経営戦略と組織間関係―戦略化と物語の観点から―．岐阜経済大学論集，41（3）：81-116.
大野貴司（2010）プロスポーツクラブ経営戦略論．三恵社.
大住良之（1998）浦和レッズの幸福．アスペクト.

高室裕史（2012）顧客関係のマネジメント．石井淳蔵・廣田章光編
　　著，1からのマーケティング＜第3版＞．碩学舎，pp.185-203.
涌田龍治（2019）スポーツビジネスにおけるサービス・マーケティ
　　ング．神原理編著，サービス・マーケティング概論．ミネルヴ
　　ァ書房，pp.155-170.
依田英男（2010）犬飼基昭の未来適応経営と見果てぬ壮大な夢．ぴ
　　あ．

＜参考資料＞
ブックハウス・エイチディ編・発行，SMR，5.
公益社団法人日本プロサッカーリーグ　クラブ経営本部　クラブラ
　　イセンス事務局編・発行（2020）2019年度　クラブ経営情報開
　　示資料．

＜参考URL＞
Jリーグ公式サイト．https://www.jleague.jp/（参照日2020年12月2
　　日）．
浦和レッドダイヤモンズ公式サイト．https://www.urawa-reds.co.jp/
　　（参照日2020年12月2日）．

（大野　　貴司）

第4章
スポーツ消費者行動

1. 広島東洋カープと「カープ女子」の事例

(1) 球団概要

広島東洋カープ（以下カープ）は，広島県に本拠地を置くプロ野球球団であり，プロ野球における人気チームのひとつである。同球団の概要は，図表 4-1 のようになっている。

図表 4-1 広島東洋カープ球団概要

会社名	株式会社広島東洋カープ
代表	松田元
事業内容	サービス業
設立年月	1956 年 1 月
資本金	3 億 2400 万円
売上	169 億 225 億円
当期利益	4 億 8726 億円（45 年連続黒字）
主要株主	マツダ（34.2%），松田元（20.4%），カルピオ，松田家など。

株式会社広島東洋カープ第 63 期決算公告，『中国新聞デジタル』3 月 24 日，藤本（2020），35 頁等の複数の二次資料を参考に作成。

2019 年は，シーズン 4 位で終了した影響もあり，前年よりも売上が 4 億円減少しているが，45 年連続で黒字であった。169 億円の売上のうち，入場料収入が 57 億 9500 万円，グッズ売上が，36 億 4400 万円であった（『中国新聞デジタル』3 月 24 日）。

（2）独立採算による球団経営

　カープは，独立採算で経営が行われており，親会社を持たない。このガバナンスと経営方式は，他球団が親会社の販売促進や広告宣伝的な役割を担っていることを踏まえると非常に独自性があると言える。

　同球団の起こりは，1949 年に代議士の谷川昇，広島電鉄専務の伊藤信之，中国新聞社社長の築藤鞍一が連名で日本野球連盟へプロ野球加入文書を提出し，設立された広島野球倶楽部にさかのぼる（藤本，2020）。

　藤本によれば，広島が設立されたのは，他球団のような親会社の宣伝や販売促進のためではなく，「広島にプロの球団を作ったらどんなに喜ぶだろう」との思いが強い動機であったという。その意味では，上記の地域経済に深く関わる人々が同球団を被爆から復興する苦しい生活状況への娯楽の提供であり，地域のアイデンティティを醸成するような社会効果を狙っていたと考えられ，「復興のシンボル」として同球団を位置づけようと考えていたことが汲み取れる（藤本，2020）。

　同球団が復興のシンボルであったことは地元企業の協力を得やすくしたり，広島県民に興味を持ってもらうことを比較的容易にしたものと考えられる。

　1951 年には後援会組織を設立し，後援会員には株券も発行している。また同年には，「たる募金」も開始され，募金で得られたお金は球団強化や選手獲得に使用された（藤本，2020）。このようにカープが広島における復興のシンボルとして位置づけられていたことは，県民の同球団を応援すること，支援する大きな要因となっていたと考えられる。

　それを裏付けるように，1950 年から数年間のカープの観客動員数は広島市の人口とほぼ同じ数値であり，初優勝からチームが強くなった1970年代中盤から80年代中盤までの観客動員数は広島市の人口を大きく上回っている（藤本，2013，2020）。

　1955 年には資金難から広島野球倶楽部は解散し，翌1956年に株式会社広島カープが誕生した。1962 年には，メインスポンサーの中でも発言権が強かった東洋工業（現マツダ）社長の松田恒治が社

長に就任した。この当時は，複数のメインスポンサー，その下にサブスポンサーや後援会があり，それらのスポンサーに経営を支えられ，独立採算により運営がなされていた。67 年には球団名が広島東洋カープになり，東洋工業社長の松田恒治がオーナーに就任した。チーム名は，当初は広島カープであったが，税法上親会社の宣伝媒体であることを印象付けなければならず，東洋工業の「東洋」を入れている。この時期には球団名が広島東洋カープになるとともに，現在まで続く松田家の同族経営型かつ独立採算制になっている。同球団の株主構成は図表 4-1 にも記した通り，松田家が同球団の株式の 6 割以上を保有している（藤本，2020）。

　この時に，松田氏は「カープは県民のシンボル。決して私物化しない」と約束し，「カープを広島からなくさない」という思いで安定した経営を続けることになる（藤本，2013）。

　他球団のように親会社を持たず，赤字を広告費の名目で肩代わりしてもらうことなく独立採算で球団を運営しなければならないということは，その存続に必要な資金は自分で利益を挙げることによって獲得しなければならないということであり，広島という球団の存在の位置づけを他の球団と異なるものとしたことが推測されよう。

（3）グッズ戦略
　エンターテイメントの多様化に伴う巨人戦の視聴率の低迷により，2004 年ごろを境にプロ野球球団における放映権料は低迷していく。カープでも放映権収入は，30 億円あったものが徐々に減り始め最終的には 10 億円台となっている（片瀬・伊藤，2016）。

　放映権料の低下による減収を賄うべく他の収入を増加させる必要がある。同球団ではグッズ製造と販売に力を入れ，2004 年で 3 億円であったものが，2009 年には 20 億円，2017 年には 56 億円を大きく上昇し，売上の約 30%を占めるまでの成長を遂げている（藤本，2020）。

　藤本によれば，カープのグッズ戦略の流れを決めたのは 2006 年5 月 7 日の中日戦での当時の監督であったマーティ・ブラウンがベースを投げて抗議し，退場になったことがメディアで流れ話題にな

ったことに目を付け，10 日後の練習に監督，コーチ，選手全員に
ベースを投げているデザインが入った T シャツを配布し，この様子
をメディアを通して見た人々から多くの問い合わせがあったこと
であるという（藤本，2020）。

　翌 2007 年には山崎浩司が隠し玉で敵走者をアウトにすると，生
地の裏側にボールがプリントされた隠し玉 T シャツが作られ，一般
販売され，面白いグッズを作る球団というイメージを植え付けた面
白いだけでなく，サヨナラ勝ちをしたり，選手は初勝利をあげたり
した時や節目となる記録やタイトルを獲得した時に記念 T シャツ
を販売し，チームやその選手のファンへの訴求力の高い製品づくり
を実現している。2016 年の優勝時には，選手がビールかけをして
いた時に着用してた T シャツとほとんど同じデザインの「ビールか
け T シャツ」を販売し，約 24 万枚を販売した（片瀬・伊藤，2016）。

　同球団では，グッズはあまり在庫を置かず，次々と新しい商品を
生み出し，次のグッズが欲しくなるようにその時々に対応して商品
化しており，同球団のグッズの点数は，2005 年には約 170 点であっ
たものが 2009 年には倍の 500 点に増えている[1]。こうして作られた
グッズは，グッズショップで販売されるだけでなく，百貨店や駅，
空港の売店，高速道路のパーキングエリアにも専用のコーナーが設
置され，グッズ専用のウェブサイトも 2009 年に開設され，いろい
ろな場所で購入することが可能である（藤本，2020）。

　同球団のグッズは様々なデザインの T シャツ，選手全員の名前と
背番号を選べるユニフォーム，文房具，食器，アクセサリー，応援
用のカンフーバット，うちわ，球団マスコットのカープ坊ややスラ
ィリーや選手の似顔絵が書かれた手ぬぐいやぬいぐるみなど多岐
に渡る。カープ自らがファンへの訴求効果の高い，「攻め込んだ」
グッズを作ることにより，地元企業のカープ関連グッズづくりを刺
激することも狙いであるという。言うまでもなく，企業がカープ関
連のグッズを作れば，カープにはライセンス収入がもたらされる。
このようにカープのグッズづくりは，地元企業のカープ関連のグッ
ズづくりを刺激し，多くのグッズ売上を獲得するだけでなく，多く

---

[1] 現在のカープのグッズは，現在は季節限定品などを加えると，シーズンで 1000
点近くに達する（片瀬・伊藤，2016）。

のライセンス収入を得ることをも可能とするのである（片瀬・伊藤，2016）。

（4）　マツダスタジアムの誕生

　2009 年 4 月にはカープの新たな本拠地として 33,000 人収容可能な MAZDA Zoom-Zoom スタジアム広島（以下マツダスタジアム）が完成する。同球場が建設された経緯としては，2004 年に起きた球界再編問題と旧広島市民救助の老朽化問題があり，当時は新球場は旧広島市民球場の建て替え案が市民やファン間で支持されていたが，建て替えは技術的制約が多く，困難が伴うことから，広島駅近くの東広島貨物駅貸物ヤード移転跡地の再利用を兼ねた建設計画が持ち上がり，移転ではなくスタジアム建設という形が取られた（藤本，2020）。

　同スタジアムはカープが指定管理者として管理運営を行ってる。指定管理者とは，公共施設を民間事業者が管理運営の代行を行うことであり，この制度によりプロスポーツチームにおいては球団と施設が一体となった経営を実現することが可能になる。

　建設は，2007 年 11 月から開始され，応援団やファンからの意見も取り入れられた。当初はドーム案もあったが，最終的には屋外球場となった。新スタジアム建設にあたっては球団職員をアメリカに派遣し，そこで得た知見もスタジアムに取り入れ，ただの野球場ではなく，まちづくりに寄与できる「ボールパーク構想」を実現する屋外球場にすることを目指した（藤本，2020）。

　同球場のホームページを参考に，同球場の概要を簡単に紹介する。
・北側の JR 側へ大きく開く形態としており，新幹線などの JR 車窓からも試合の様子を見ることができる。
・1 階観客席の最後部に，幅が広く，段差のないコンコース（内野 12m、外野 8m）を配置している。また，コンコースからグラウンドを眺めながら，球場を周回（一周約 600m）することが可能である。
・砂かぶり席，パーティーフロア，テラスシート，パフォーマンスシートなど多彩な観客席を設け、様々な観戦スタイルが可能である。

・観客席は，大リーグ球場並みの横幅 50cm，奥行き 85cm を確保しており，ゆったりと野球観戦することが可能である。
・十分な車いすスペース，オストメイト対応型多目的トイレなどを設置しており，障害者・高齢者・小さな子ども連れの方など、誰もが利用しやすく，ユニバーサルデザインに配慮している（MAZDA Zoom-Zoom スタジアム広島公式サイト）。

　こうした配慮により，カープでは開かれたスタジアムづくりを実現し，開かれた 3 世代が楽しめるスタジアムづくりを目指している。
　マツダスタジアムと言えば，寝そべりシートや焼き肉ができるパーティー席が有名だが，スタジアムはあえてすべてを完成させないようにして売れ行きの良くないシートの回収を行い，団体席にしたりするなど観客の動向を確認した上で，絶えずテコ入れをしている。こうした絶えざるテコ入れこそが勝敗に左右されないリピーターの創出につながっていると言える。（藤本，2020）。
　マツダスタジアムで目指されているのはディズニーランドであるという。ディズニーランドが創業者のウォルト・ディズニーの信念であるディズニーランドは終わりがなく進化し続けるというように，顧客満足のヒントをディズニーランドに求め，マツダスタジアムもまた，ちょっとずつ新しい設備を取り入れることにより，顧客満足の維持・向上や新たな観客の取り込みを目指している（迫，2015）。

(5) カープ女子現象

　2014 年頃から関東において，カープを応援するためにスタジアムに詰めかける若い女性への社会的な注目が集まるようになった。いわゆる「カープ女子」現象である。カープ女子の中には，広島出身である女性も居れば，広島とは縁もゆかりもない女性も居り，カープを応援するという共通の核以外はきわめて多様であるという。栗屋（2017）が QVC マリンフィールドにおいて行ったカープ女子へのアンケート調査によると，カープ女子の年代は，10 代未満 4%，20 代 22%，30 代 30%，40 代 23%，50 代 7%，60 代 2% であり，居住地域が，東京都 20%，千葉県 41%，神奈川県 13%，埼玉県 8%，茨城県 4%，広島県 10%，その他 4%，出身地が，東京都 14%，千

葉県 18％，神奈川県 3％，埼玉県 9％，茨城県 3％，広島県 28％，その他 25％であり，同調査におけるカープ女子の四分の一が広島県出身者であったもののであったもののマジョリティというわけではなく，多様なバックボーンを有する女性が居たことが確認されている。

　また栗屋（2017）の調査によると，広島に所縁のないカープ女子がカープを応援するようになったきっかけとしては「好きな選手がいる」，「チームカラーが好き」，「ファンの雰囲気が好き」，「広島に所縁がない友人・知人に誘われた」などがあったという。そこから考えられるのは，彼女たちはまずは友人に勧められ，チームや選手に関心を持ち，スタジアムに訪れるようになったということである。よく言われている「チームカラーが赤で女性に好きになってもらいやすい」，「イケメンの選手が多く若い女性に興味を持ってもらいやすい」，「お金にモノを言わせてスター選手を獲得するわけではなく，育成を重視して生え抜き選手をスター選手へと鍛え上げていく」などの要因は彼女たちがカープへと傾倒していったひとつの動機にこそなれ「それがすべて」というわけではなさそうである。

　カープに関する書籍を複数公刊している迫勝則，藤本倫史はカープ女子について興味深い指摘をしているので以下紹介したい。

　迫は，カープ女子現象を女性の社会進出の観点から論じている。企業の女性役員を増やすことだけでなく，レジャー，ファッション，グルメなどの領域では女性の社会進出が著しいという。迫はこうした流れの中で従来は男性が主流であったプロ野球観戦に浮動票が流れこんで，プロ野球チームの中でも一番共感を持ちやすいカープを応援したのではないかと論じている（迫，2015）。

　後述するように消費という行為は，自らのアイデンティティを構築する側面がある。人々は，レジャーやファッション，グルメなどの消費を通じて自らが何者であり，何者でありたいのかというアイデンティティを構築している。赤という女性の視覚に訴えるユニフォームを身にまとい，フリーエージェントで獲得されたわけではない若い選手たちが懸命に戦う姿に共感を得て，彼女たちはそこに自らのアイデンティティを見出したのではないかという見解である。

　藤本は，彼女たちがマツダスタジアムを聖地化し，第二のふるさ

ととしているのではないかと論じている。カープの応援スタイルは，日常で着用することのない真っ赤なユニフォームや帽子を身に付けるものであり，球場では一体感のあるスクワット応援をし，組織の一員だと感じることができ，この経験が広島出身者以外にもカープを強く感じさせ，強烈なインパクトを残し，「いつかあの素晴らしい球場で試合を見てみたい」と聖地化し，ファンが増えていったのではないかと分析している（藤本，2020）。

　藤本の分析を筆者なりに介錯すると，首都圏出身・育ちで「ふるさと（いなか）」をもたない女性たちが，一緒に応援する仲間にコミュニティの意識を見出し，マツダスタジアムにふるさとを見出しているということになろう。赤色に染められたカープグッズを身に付けることや応援歌や応援スタイルを身に付けることは他のカープファンからカープファンであると認められるだけでなく，自分がカープファンであるというアイデンティティをも構築するのである。

　現代人が地域にコミュニティ意識を見出さなくなって久しいと言われている。学校や職場もまた同様である。かつては人と人を結びつける機能を果たしていた地域や職場，学校はコミュニティの機能を果たすことが難しくなっている。それに反して近年は共通の趣味や嗜好を持つ人々に仲間意識を持つ人々は増えている。例えば同じ車やバイク，アイドルが好きな人に対しては単に同じ地域に住んでいるという人たちよりは仲間意識を持ちやすいであろう。同じプロ野球チームが好きな人々に対してもまた同様である。その意味では，共通の核や心の拠り所を求める人々のニーズにカープがうまく適合したと考えることができよう。

　また両者ともに直接，間接的にも言明しているが，彼女たちはお気に入りの選手を見つけ，その選手を応援し続けることにも楽しみを超えた生きがいのようなものを見出している。それはアイドルファンがお気に入りのアイドルを応援しながらメジャースターになるのを見守る様に通じるものがある。その意味では，彼女たちはお気に入りの選手に自分を見出しているところがあると言えよう。

　迫，藤本の議論を踏まえるならば，現代人は自らのアイデンティティや仲間意識を見出せるもの，心の拠り所となるものを求めてお

り，そのニーズに応えることができたのがカープであったいうことができる。しかしながらこのカープ女子現象は偶然の産物ではなく，グッズ戦略やマツダスタジアムの事例で確認したように，カープが多様な人々のニーズに適合できるスタジアムづくりやグッズづくり，（若手選手の成長を実感できるような FA に依存しない育成重視のチームマネジメントを実現していたことにより，彼女たちのニーズ（すなわちアイデンティティを見出せる，仲間意識やふるさとの感覚を見出せる）を捉えることを可能にしたものと言えよう。

2. スポーツビジネスにおける消費者行動

（1） 消費者行動とは

　松井（2020）は，消費者行動を「モノを購入して，使用して，処分する一連のプロセス」（松井，2016：7頁）と定義している。人々は，消費行動を行うにあたっては，五感を通した刺激と，記憶の中にある情報をつきあわせて物事を決めている。消費者行動への理解を深めることにより，企業はマーケティングを成功させる可能性は高くなると言える（松井，2020）。

　スポーツ製品・サービスの消費者行動を考えていくのは「スポーツ消費者行動」であり，その対象は一例を挙げれば，スポーツのゲームの観戦者，スポーツ用品の購入者，フィットネスクラブの利用者などが挙げられよう。本章では，スポーツ事業が対象とする消費者の行動である「スポーツ消費者行動」について考えていきたい。

（2） 消費者における態度の形成

　消費者行動における「態度」とは，企業をはじめ，ブランド，商品，店舗，サービス，広告など特定の対象に対する「好き・嫌い」や「良い・悪い」などの評価を意味する（西川，2020）。そのように考えるならば，消費者がなぜ特定の製品・サービスを好き・嫌いなのかを明らかにすることにより，自社の顧客を増やしていくことも可能である。

　態度の構成要素として感情，行動，認知が存在する。感情は，消費者が対象についてどのように感じるかをあらわすものである。行

動は，消費者が対象について行動を起こす意図をあらわす。認知は消費者が対象について真実だと信じることである（西川，2020）。

　態度を構築する感情，行動，認知は必ずしも同じパターンを示すものではなく，それぞれの順番が前後することもある。「標準的学習階層」では，認知→感情→行動という順番で態度を構築し，「低関与階層」では，行動→感情→認知という順番で態度を構築し，「経験階層」では感情→行動→認知という順番で態度を構築する（西川，2020）。

　標準的学習階層は，事前にインターネットなどで情報を探索した上で，製品・サービスを評価し，実際に製品を購入する方法である。低関与階層は，まずは製品・サービスを購入し，購入後その製品・サービスに対して評価を行い，その製品・サービスに対する態度を構築する方法である。経験階層は，製品・サービスに対するイメージがそのまま購入へと向かわせ，その後でその製品に対する態度を構築する方法である（西川，2020）。

　いずれにも言えることであるが，重要なことは消費者が実際に行動を起こした時に，その対象への実際の認識を好ましいものとすることである。実際にスタジアムに訪れた時に，それが楽しい経験となったり，スポーツ用品を使用してみたら履き心地，着心地が良いものであったり，フィットネスクラブで運動してみたらクラブの雰囲気が良かったり，運動に効果を感じられるという具合にである。

　カープ女子のケースで言えば，標準的学習階層は，事前にカープの情報を収集した上でスタジアムに訪れ，その良し悪しを決めるという方法であり，低関与階層は，友人に誘われたり，カープが話題になっているのでまずはスタジアムに行ってみてからその良し悪しを決める方法であり，経験階層は赤を基調するカープのチームカラーやユニフォームに魅力を感じたり，選手に魅力を感じ，好ましい感情を抱いてからスタジアムに訪れ，その後でその良し悪しを決めるという方法である。

　カープの場合，標準的学習階層，低関与階層，経験階層いずれのパターンでも，マツダスタジアムの建設に伴い，多くの人々が楽しめるスタジアム環境を整備していたことはスタジアムを訪れた観戦者の態度を好ましいものとすることに大いに貢献していたと言

える。その意味では，先述のようにカープ女子現象は偶然の産物ではなかったということができよう。

(3) 製品の記号性

　製品とはそれぞれ記号としての「意味」を持っており，消費者は製品を購買することで，その「意味」を購入している。具体例を挙げれば，ベンツは自動車であること以外には，富やステイタスを表象する製品であり，ベンツのオーナーは自動車を購入するという以外に，ベンツの持つ，「お金持ち」，「ステイタス」という意味も購入している。ゆえに，我々はベンツを乗っている人をお金のある人だと思うであろうし，ベンツに乗っている人も少なからずそのような気分に酔いしれているかもしれない。ブランド物のシャネルも同様である。シャネルを購入する女性は，単にバッグや財布をしているのではなく，シャネルという製品の持つ意味，すなわち古い価値観にとらわれない新しい女性，もっと言えば，「高級ブランド」という意味を購入しているのである。

　さて話しをスポーツビジネスに戻そう。このように考えていくと，スポーツ事業領域の消費者もまた，それぞれのスポーツ製品・サービスが持つ意味を購入していると言える。カープの事例で言えば，カープ女子は，カープの持つ，チームカラーの赤色，広島の象徴，イケメンの選手などの意味を購入していたのではないかと言える。彼女たちは，カープファンとなることで，カープが持つ意味を購入し，自分のイメージへと昇華していると言える。すなわち，カープのファンになることを選択し，その意味を自分のキャラクター（パーソナリティ）及び日常生活に取り込んでいるのである。カープファンになることで，首都圏出身でふるさと（いなか）のない女性でも，藤本（2020）が指摘する「第二の故郷（マツダスタジアム）」を持つことができるのである。

　浦和レッズのケースであれば，レッズの記号性には，「不良っぽさ」「男らしさ」があるかもしれない。大野はこうしたレッズの記号性は若い男性のファンをスタジアムへと誘い，レッズサポーターにすることに大いに貢献したと述べている（大野，2011）。

　スポーツ用品メーカーの事例で言えば，著名なアスリートに製品

を使用してもらうことに強い関心を持ち，アスリートの獲得合戦を繰り広げているのは製品の記号性のためである。誰もが知っているアスリートと契約できれば，自社の製品の意味にそのアスリートが加わるため，消費者への訴求力が大きくなるためである。

　以上の事例からも，自社製品・サービスにどのような意味を付加し，それを消費者に認知してもらうかが大事なことが分かるであろう。

（4）　拡張自己

　世の中には自分が保有している製品（もしくは選好したブランド）を自分自身のように思う人がいる。これは何も珍しいことではなく，気に入っている洋服を汚されたり，自分の自動車やバイクを傷付けられたら多くの人が傷ついたり，嫌な思いをするであろう。これはどういうことであろうか。すなわち，我々は製品（もしくはブランド）自体にアイデンティティを見出しており，自分が選好した製品が他人から認められることに大きな喜びを感じるとともに，その製品やブランドが他人から貶められたり，傷つけられたりすると自分が貶められたかのように怒ったり，自分自身が傷つけられたかのように傷つくのである。さて，話しをスポーツビジネスに戻そう。以上の議論になぞらえて考えると特定のプロスポーツチームのファンは，自分が選好したブランド（チーム）が他人のそれ（他人が選好したチーム）よりも，より優秀であることを世間に広く知らしめてほしいので，懸命に我がチームを応援するのである。すなわち，チームに自分自身を投影している（チームにアイデンティティを見している）のである。「自分」のことだから一生懸命応援し・支援するのであり，勝てば嬉しいし，負ければ悔しいのである。こうした消費者が特定の製品やブランドに自己，すなわちアイデンティティを見出す現象のことを「拡張自己（Extended Self）」（Belk, 1988）という。先のレッズサポーターがよく用いる「We are Reds」という用語がまさにこの概念を体現しよう。

　先述のようにカープ女子もまた，カープにアンティティを見出している。自分のことであるから一生懸命応援し，チームが勝利したり，選手が活躍したら自分のことのように喜べるのである。また先

述のように，マツダスタジアムを聖地，ふるさとのように思う感情は自らとチームを同一視していることを端的に示すエピソードであると言えよう。

　近年は，スポーツ領域における拡張自己についての研究も展開されるようになってきた。スポーツ領域における拡張自己の研究の動向は住田（2020）を参照されたい。

（5）ファンコミュニティ

　先述のように，現代においては，人々は地域や学校，職場に「コミュニティ」の感覚を見出し辛くなっている。その代わり，スポーツ，音楽，パソコン，ファッションなど共通の興味や趣味により出来る仲間，すなわち「同じ価値観」を共有できる仲間たちに「コミュニティ」の感覚を見出している。こうした特定の音楽愛好者，ファッション愛好者，パソコン愛好者・スポーツファンなどにより作られる仲間を「ブランドコミュニティ」という。ブランドコミュニティは，友人関係のような場合でもインターネットだけでの繋がりでも起こりうる。

　さて，話しをスポーツビジネスに戻そう。プロスポーツクラブのファンにおいてもファンによるファンコミュニティが形成されており，プロスポーツクラブのファンはそこにコミュニティの感覚を見出していると考えることができる。先のカープの事例で言えば，ファン同士は，チームのグッズを身に付けることにより視覚的に識別が可能であり，応援歌や応援スタイルを共有することで，感覚的にも自分の仲間を識別することが可能となっている。また彼女たちは，他のファンから仲間であると認められることによりカープファンとしてのアイデンティティを構築するとともに，そこ（ファンコミュニティ）に居場所を見出しているとも指摘することができる。このように考えるとファンコミュニティは，現代におけるスポーツファンのアイデンティティの構築を促し，居場所を作るものであると言うことができよう。

　ファンコミュニティは同じチームを応援するという共通の核のあるコミュニティであり，そこではかつての地域コミュニティがそうであったようにファン同士が情報交換したり，助け合ったり，交流

したり，相互作用し，自らのファンとしてのアイデンティティを構築している。その意味では，ファンコミュニティは自らのファンとしてのアイデンティティを深化させる場所であると言える。

　ファンコミュニティは，C to C（Custmer to Custmer）すなわち，消費者であるファン同士の相互作用の機能を果たす。ファンのロイヤリティは，B to C（Business to Custner：企業から顧客への働きかけ）すなわち企業から顧客への働きかけのみでは構築されえず，消費者同士の交流や結びつきによって構築される側面も存在するのである。第3章で紹介した浦和レッズのように意識的にファン同士が相互作用を行える場所を構築し，ファンのアイデンティティの構築をマネジメントしているチームも存在している。

　近年では，スポーツマーケティング研究においてもファンコミュニティの重要性が叫ばれ，国内外でも旺盛な研究活動が展開されている（詳細は仲澤・吉田（2015）を参照されたい）。その意味では，スポーツビジネスの実践においても C to C を深化させるファンコミュニティづくりが重要な課題となろう。

3.　おわりに

　以上，本章では，カープとカープ女子の事例から，スポーツ事業領域における消費者行動について検討した。そこではプロスポーツの場合は自らのアイデンティティやコミュニティの感覚にも影響を与えうる可能性が確認された。こうした彼ら・彼女らの意識を醸成させることは自チームのファンのロイヤリティを向上させ，リピーターを増やすことを可能とすると考えられる。そのためにもカープがそうであったように，ファンが楽しめるスタジアムづくりを実現することこそがその第一歩となろう。

＜課題＞
　「製品の記号性」，「拡張された自己」，「ファンコミュニティ」についてカープとカープ女子以外のスポーツ製品・サービスから考えなさい。

＜参考文献＞

粟屋仁美（2017）首都圏におけるカープ女子実態調査．敬愛大学総合地域研究，7：61-66.

Belk，R. W.（1988）Possession and the extended self. Journal of consumer research, 15：139-168.

藤本倫史（2013）我らがカープは優勝できる！？．南々社．

藤本倫史（2020）逆境をはねかえす　広島型スポーツマネジメント学　地域とプロスポーツをともに元気にするマネジメント戦略．晃洋書房．

片瀬京子・伊藤暢人（2016）広島カープがしぶとく愛される理由．日経 BP 社．

松井剛（2020）イントロダクション―みんな生まれつき消費者だ！．松井剛・西川英彦編著，1 からの消費者行動＜第 2 版＞．碩学社，pp.4-19.

仲澤眞・吉田政幸（2015）ファンコミュニティの絆:プロスポーツにおけるファンコミュニティ・アイデンティフィケーションの先行要因および結果要因の検証．スポーツマネジメント研究，7（1）：23-38.

西川英彦（2020）態度．松井剛・西川英彦編著，1 からの消費者行動＜第 2 版＞．碩学社，pp.66-78.

大野貴司（2011）．スポーツマーケティング入門―理論とケース―．三恵社

迫勝則（2015）なぜ彼女たちはカープに萌えるのか　新＜カープ女子＞論．KADOKAWA.

住田健（2020）スポーツ観戦者のアイデンティティ：社会的アイデンティティと拡張自己．大野貴司編著，現代スポーツのマネジメント論―『経営学』としてのスポーツマネジメント序説．三恵社，pp.206-230.

＜参考資料＞

株式会社広島東洋カープ編・発行（2019）第 63 期決算公告．

＜参考 URL＞

中国新聞デジタル　3 月 24 日．
https://headlines.yahoo.co.jp/hl?a=20200324-00010001-chugoku-spo（参照日 2020 年 12 月 2 日）．

MAZDA Zoom-Zoom スタジアム広島公式サイト．
http://www.mazdastadium.jp/（参照日 2020 年 12 月 2 日）

（大野　貴司）

第 5 章
スポーツプロモーション

1. ナイキの事例

　ナイキは，アディダスを抑え世界一の売上を誇るスポーツ用品メーカーである。2019 年 5 月期の売上は，391 億 7100 万ドル，純利益が 40 億 2900 万ドルであった（複数の二次資料を参考）。本章ではナイキを事例としてスポーツビジネスにおけるプロモーションについて検討する。

（1）ナイキの創業

　ナイキの創業者フィル・ナイトはオレゴン大学卒業後，スタンフォード大学ビジネススクールに入学する。フィル・ナイト自身によるとナイキ創業のきっかけはビジネススクールの講義でのレポートであるという（Knight, 2016）。そこでナイトは，講義のレポートにおいてスポーツシューズの品質の高い日本からシューズを仕入れ，それをアメリカで販売するプランをまとめ，実際に自分で日本を訪れ，アシックスを訪問してからその実行を強く望むようになったという（Knight, 2016）。

　ビジネススクール卒業後の 1964 年には，フィル・ナイトは大学時代の陸上部のコーチで，陸上界にも顔が効き，自らもスポーツシューズの改良などをしていたビル・バウアーマンと 500 万ドルずつ出し合い，鬼塚商会（現アシックス）のタイガーシューズを 1,000 足購入し，自分の家の洗濯部屋を「ブルー・リボン・スポーツ社」として使い，オニツカタイガーの行商を始め，その年は 8,000 ドル

を売り上げた（松田，2003）[1]。

　1968年に，カナダのケネス・クーパー博士が，エアロビクス（有酸素運動）が健康体力づくりに有効であるという研究成果を公表し，アメリカ・カナダにおけるジョギング・ランニングブームの到来を予感させた。運動している層だけでなく，美容健康志向の女性や肥満に悩む人々も運動を始めるためである。運動を行う人々が増えれば，それだけスポーツシューズが必要な人が増えるであろうから，それはスポーツメーカーが自社のシューズを販売する絶好のチャンスであった。そして，ナイキでは，来るべきエアロビクスブームに備え，エアロビクス用のシューズの開発に着手することとなった（松田，2003）。

　1971年には，ナイトは古代ギリシアの「勝利の女神ニケ」を英語発音の「ナイキ（NIKE）」とし，それを自社の社名とした。マークは「勝利の女神」の翼を連想させる「スウィッシュ（swoosh）」に決定した（松田，2003）。

　設立当初は，アシックスのシューズをアメリカで販売する販売代理店のような形を取り，順調に販売足数を伸ばしていたが，後にアシックスとは契約を解消し，自らデザインしたシューズの販売に乗り出すことになる。

　日本の商社である日商岩井の協力の下，バウアーマンがデザインしたシューズを日本ゴム（現アサヒシューズ）に生産委託をし，本格的にシューズの製造・販売に乗り出した（松田，2003；Kngiht，2016）。

　日本で製造されたシューズは，後に製造原価の上昇に伴い，台湾・韓国，そして中国，東南アジアへとシフトさせている。このようにナイキでは，自らはシューズのデザインに注力し，製造は海外の業者にアウトソーシングする業態を今日まで採用している。

　こうして製造されたシューズはどのように販売されていったのであろうか。1972年のアメリカにおける陸上競技のオリンピック予選の出場者に片っ端からシューズとナイキのTシャツを配り，それを履いて，着てもらうよう努めた。アディダスやプーマからはシ

───────────

[1] ナイト（2016）によると，事業が軌道に乗るまでは，別のフルタイムの仕事をしながら，休日や時間のある時にアシックスのシューズの販売を行っていたという。

ューズを貰えなかった選手たちがナイキのシューズを履き，試合に出場し，ナイキのシューズを履き，Tシャツを着た選手が大会で活躍することとなり，ナイキの宣伝になった（Knight，2016）。

　こうしたナイキの動く「広告塔」として特に目覚ましい活躍をし，ナイキの名前を高めたのは，バウアーマンの教え子でもあったスティーブ・プリフォンテンであった。プリフォンテンは，7つのアメリカ記録を樹立し，ナイキの名前を広めることに大きな貢献をしている（松田，2003；Knight，2016）。

　ナイキは，アディダス，プーマよりも後発のスポーツ用品メーカーであり，自社と契約してくれる有名アスリートを探すことは困難であった。そのため，ナイキでは今後伸びそうな，そして人々に感動を与えてくれそうなアスリートと契約することを目指したのである。ナイト（2016）自身も述べているように，審判にくってかかるが，そのプレイは超一流であったテニスプレーヤーのジョン・マッケンローなどはその恒例であろう。

（2）ナイキの成長期

　かねてからエアロビクスシューズの開発を進めていたナイキであったが，1980年に，エアロビクスシューズ市場でリーボックに大敗してしまう。原因は，品質・性能では優れていたが，見た目がゴツかったため，顧客と想定していた女性受けが悪かったためである。この敗北の経験からナイキは，売れるシューズを作るためには，品質・性能大事だが，デザイン・ファッションも重要であることを学習したのであった（松田，2003）。

① 「エア・ジョーダン」の大ヒット

　1985年には，ノースカロライナ大学出身のNBAシカゴ・ブルズ新人マイケル・ジョーダンに5年間で300万ドルという破格のCM契約料を支払った。ジョーダンは，同年のオールスターでは赤と黒のナイキ・スウェット・ジャージで登場している。筆者が言うまでもなく，ナイキの確信は現実となり，マイケル・ジョーダンはNBAのトッププレイヤーとなった。ジョーダンは，そのジャンプ後の滞空時間の長さから「Air」の愛称を持ち，「空気をつかんでいるよう

だ」とも形容されている。ジョーダンのプレイを見ていると，ファンも自分自身も空中を自由に浮遊した気分になれ，ナイキの CM のジョーダンのプレイが視聴者・ファンに，ジョーダンのプレイで感じた感動や興奮，トランス（自分が空を飛んでいるかのような）を呼び起こしてくれるのである。このマイケル・ジョーダンをイメージキャラクターとして開発したバスケットシューズが「エア・ジョーダン」であった。エア・ジョーダンには「マイケル・ジョーダンがはいているバスケットシューズ」という意味の他に，ジョーダンのプレイから派生する諸々の意味（例えば「Air」，つまり「誰かが僕に翼をつけてくれているかのように，ゆっくりと離陸する」という意味）も込められている（松田，2003）。

エア・ジョーダンは世界的なヒット商品となり，競技以外（街履き・日常履き）にも広く使用され，ナイキに膨大な利益をもたらすこととなった。

② サッカービジネスへの参入

ジョーダンの引退により，新たな市場を求め，ナイキがサッカービジネスに参入した 90 年代当初は，サッカー市場はアディダスの一人勝ちという状況であった。そこでナイキでは，選手へのバックアップと CM の効果的な活用により，この状況を変えることを目指した（松田，2003）。

ケース 1:サッカーブラジル代表の起用

ナイキでは，堅い組織プレイ重視のドイツ（アディダス）に対し，楽しいサンバスタイルの個人プレイ重視のブラジルを支持し，WCの決勝で戦わせ，自社の存在をサッカー界に知らしめることを目指した。ブラジルチームを出演させたロナウド中心の空港を借りきっての CM，浜辺でのサッカーゲームの CM などを製作し，その CMを全世界へと発信した。そこにおいて，ナイキは，ブラジルサッカーの選手一人ひとりのプレイが華麗で芸術的で，サンバスタイルのボール遊びこそがブラジルサッカー，サッカーの真髄であることをアピールしようとしたのである。2002 年には，日韓ワールドカップの決勝で，ドイツ，ブラジル戦が実現し，ナイキが支持したブラ

ジルが勝利を収め，ナイキの悲願を達成することとなった（松田，2003）。

ケース 2:中田英寿の「自分解放メッセージ」

「自分解放メッセージ」とは，「古い慣習や社会にとらわれずに自分らしく生きる」ことであり，日本のプロスポーツ選手であるならば，海外への挑戦などがこれに該当しよう（松田，2003）。中田を起用した CM では，子どもたちを整列させ，大人が説教をしているシーンに，中田が「嘘だ」とメッセージを送る。そこに，中田などのスーパースターがプレイを見せ，子どもたちに「自分解放」と，自分の個性を大事にするようアピールしている（松田，2003）。

ケース 3:東京発「Just do it」

ナイキの CM で見られるセリフである「Just do it」。どのような意味であろうか。下記の実際に使用された CM のセリフから考えてみて欲しい。2 つ目のセリフはマイケル・ジョーダンを起用した CM で使用されたものである。

マラソンは，残酷なゲームだ。
あなたを助ける人は誰もいない。
死にそうなほどの苦痛も他人には関係ない。
タイムアウトを取ることも
泣き言を言うこともできない。
失敗をとりつくろう逃げ道もない。
その地獄の世界を，
どこまであなたは愛せるか？
その答えはゴールだけが知っている
地獄を愛する覚悟があるなら，あなたはきっと孤独ではない
Just do it
（松田，2003：97 頁）

プロでミスしたシュート 900 本
負けゲーム約 300

ウィニングショットをはずしたこと 26 回
今までミスしてきた
何度も，何度も，何度も
だから俺は成功する
Just do it
（松田，2003：97 頁）

　いずれの CM にも込められているメッセージは，「最高のスポーツ価値の創造」，「芸術としてのスポーツの蘇生」そして「スポーツ選手に対する尊敬心」であろう（松田，2003）。

　それはすなわち古い社会・価値観との決別であり，自分らしい生き方をしていくことの推奨であり，そうした意味を体現したものが「Just do it」という言葉である。

　松田（2003）は，ナイト自体が，反骨精神を持っている経営者であると述べている。この反骨精神は言うまでもなく，アディダスやプーマ，アディダスなどの先行するスポーツ用品メーカーに対して向けられていたことは言うまでもない。このように，ナイトは，ナイキという会社自体が「反骨精神」であり，「獰猛」で「成り上がり精神」を持って，常に「全力疾走」している会社であると思われるよう努力していたという（松田，2003）。

　その意味では，「Just do it」という言葉はナイキという企業とナイキの創業者であるフィル・ナイトの精神を体現するものであると言えるであろう。

（3）　マラソンシューズにおけるイノベーション

　2016 年のアテネ五輪あたりから，ナイキはマラソンシューズにも力を入れるようになってきた。2017 年 3 月には，フルマラソンでの 2 時間切りを目指す「Breaking2」という特殊プロジェクトを実施し，ナイキ製のシューズであるズームウェイバーフライエリートを履いた，リオ五輪金メダリストのエリウド・キプチョゲ（ケニア），ハーフマラソン世界記録保持者のゼルセナイ・タデッセ（エトアリア），ボストンマラソンで二度優勝したレリサ・デシサ（エチオピア）の 3 名の選手がこれに参加し，キプチョケが世界記録の

2 時間 2 分 57 秒を大きく上回る 2 時間 0 分 25 秒でゴールした。この時に選手が着用していたズームウェイバーフライエリートカスタマイズしたシューズこそが、後述するズームウェイバーフライ4％である。2017 年の東京、ボストン、ロンドン、ベルリン、シカゴ、ニューヨークシティのワールドマラソンメジャーズ 6 大会のうち男女それぞれで 4 つのレースを制したトップ 3 つの男女 36 名のうち、ナイキのシューズを着用していた選手が 20 名も居た。表彰台占有率は実に 56％である（酒井，2019）。

このシューズこそが、「ズームウェイバーフライ 4％」いわゆる「厚底シューズ」である。

レース用にも関わらず、ソールが 4 センチもある「厚底」であり、このソールに使用されている素材は航空宇宙産業で用いられているものであり、その中にはバネのような役割を果たすカーボンファイバー製プレートが設置されている（酒井，2019）。

日本においても、2018 年の第 94 回の箱根駅伝において出場 210 名のうち、58 名がナイキのシューズを履いており、これはアシックスの 54 名よりも多く、一番履かれていたことになる。ナイキのシューズを履いていた 58 名中 41 名がズームウェイバーフライ 4％であった（酒井，2019）。

こうしたトップ層の「厚底化」により、国内においても市民ランナーがズームウェイバーフライ 4％を着用したり、40〜50 代のランナーからも「あの厚底はありませんか？」という問い合わせが殺到するようになったという（酒井，2019）。ズームウェイバーフライ 4％の耐用距離は 160 キロほどであり、一般的なマラソンシューズの 3 分の 1 以下であるにも拘わらず、2 万 5920 円と高価格である（酒井，2019）。それにも関わらず、欲しいと思う人が多いのは国内外の多くのトップランナーがズームウェイバーフライ 4％を履いているだけでなく、世界記録や日本記録を更新するなど、自身の記録を更新していることが大きいであろう。典型的な頂上戦略[2]で

---

[2] トップ選手にグッズを身に付けてもらい、それを見た他のユーザーにその製品を欲しいと思わせ、購入へ向かわせる戦略である。「トップ選手がその製品を使用していること」は、一般のユーザーの購買判断に大きな影響を及ぼすことを巧妙に突いた戦略であると言えよう。

ある。

　このように，ナイキはマラソンシューズという領域においてトップ選手たちの記録を更新させ，世界記録に貢献するというイノベーション（革新）を実現することにより，その他の選手や一般のランナーにも自社のシューズを履かせることに成功し，自社の確固たるポジションを構築しようとしている。ナイキのマラソン事業は，スポーツ製品のイノベーションという視点からも，製品のプロモーションという視点からも今後も目が離せない。

2.　スポーツビジネスにおけるプロモーション

（1）　プロモーションとは

　以下，ナイキの事例を踏まえ，スポーツビジネスにおけるプロモーション戦略について考えていきたい。どんなに良い製品やサービスでも消費者にその存在や，良さに気づいてもらえなければ誰もその製品やサービスを購入しない。そのため企業は，そのマーケティング活動として，自社の製品の存在・良さを消費者に知ってもらう必要がある。プロモーション（Promotion）とは，マーケティングの中でも消費者に自社の製品やサービスの存在を知らしめ，製品を購買させるための活動のことである。一番メジャーなプロモーション活動にはテレビコマーシャルに代表される「広告」がある。広告とは，①広告主が明記されており，②テレビや雑誌などの媒体を使い，③有料であるもののことである（和田・恩蔵・三浦，2006）。テレビコマーシャル以外にも，雑誌や新聞，駅や街頭に見られる看板など我々は日常的に多くの企業の多くの広告を目にしている。広告は，多くの消費者に訴求できるメリットがある反面，ピンポイントで訴求したい消費者にPRしていくことは難しいし，何よりも費用が掛かる。こうした広告のデメリットを補う手段としては，従業員による消費者への対面によるプロモーションである「非人的プロモーション」が存在する。化粧品店や洋服店において，店員が来客の相談に乗る光景を想像していただければわかりやすいであろう。彼ら・彼女らは来客の相談に乗り，来客が希望する製品の提供をするだけでなく，自社の製品のPRを対話の中で行っているのである。

（2） AIDMA モデル

　ナイキでは，消費者に「購入」という「反応」を起こさせるために，マッケンロー，マイケル・ジョーダン，サッカーブラジル代表，中田英寿などのスポーツ界のスターを出演させた TVCM をシャワーのように流すことにより，まずは，消費者（視聴者）の注目（attention）を引き，次に消費者の関心（interest）を引き，そして商品が欲しいという欲求（desire）を持たせ，自社の製品を消費者の記憶に留めさせ（記憶：Memory），商品を購入（行為＝action）させていた。この一連の消費者の反応プロセスをその頭文字を取って AIDMA モデルという。このプロセスは，マラソンシューズ事業においても同様である。同社のマラソンシューズ事業においては，ズームウェイバーフライ 4％を履いた多くの選手がメジャー大会で上位入賞を独占することにより，多くの人々の注目と関心を引き，製品の耐用年数が短く高価にも関わらず，製品を欲しいという欲求を生じさせ，購入へと向かわせている。

　わが国のテレビコマーシャルでも，こうした手法は積極的に活用されており，若者に人気のあるタレントは数多くのテレビコマーシャルに出演している（人気のアイドルや女優をテレビコマーシャルに起用するのは多くの人々の注目を惹きつけるための好例であろう）。消費者の「注目」，「関心」を引くために，広告はきわめて重要な役割を果たしている。「広告」は企業が消費者へメッセージをテレビや雑誌紙面などの媒体を利用し，発信する手段であり，広告の中で発信される企業のメッセージはナイキの「Just do it」や，インテルの「インテル入ってる？」などのように「記号化」され，消費者に分かりやすい形で伝えられている。消費者による記号の解読過程においてはノイズが生じる。ノイズは消費者の解読過程を阻害する要因である。メッセージ自体が理解することが難しいであるとか，他の会社の広告の存在などの阻害要因である。こうした阻害要因を極力避けながら，消費者に自社の伝えたいメッセージを正しく理解してもらうことが必要となる。

　また近年のインターネットの高度普及化やインターネットショッピングの台頭に伴い，AISAS モデルなども提示されている。三番目の S は検索をあらわす "Search" であり，最後の S は他のインタ

71

図表 5-1　シャノン＝ウィーバー型コミュニケーション・モデル

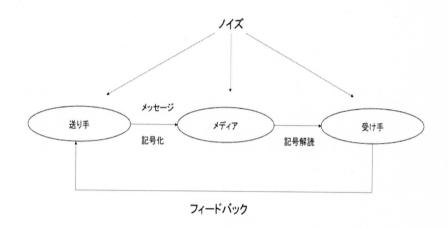

出典：石崎（2019），14 頁

ーネットユーザーに対するシェアをあらわす "Share" である。現代においては人々は，関心・興味を持ったものを自分でインターネットで調べ，製品を購入し，製品を使用してみての感想をインターネットでシェアするということである。その意味では，インターネットにおける情報の拡充など従来のマーケティングと異なる対応が求められているということである。

（3）　製品広告と企業広告

　ナイキでは，製品を PR する製品広告と，企業を PR する企業広告を使い分けながら，自社製品と，自社の存在を消費者（視聴者）に上手く PR していた。製品広告とは，エア・ジョーダンなど企業の特定の製品の広告であり，製品の存在を知らしめ，購買に向かわせる広告のことである。企業広告とは，企業の宣伝のための広告であり，企業のイメージを高めるとともに，企業の存在を思い起こさせる広告のことである。ナイキであるならば，東京発「Just do it」

などがこれに該当しよう。製品について PR することも重要であるが，会社自体に良いイメージがなければ，視聴者はその会社の製品を購入しないかもしれない。そのような意味では，企業が自社のイメージを高めることは重要である。

（4） ナイキの広告手法
　ナイキでは，製品の品質の良さやコストの安さを PR する広告手法（説得型広告），製品の便益・使い方などを詳細に解説する広告手法（情報提供型広告），他社との違いを比較する広告手法（比較広告）などの従来型の広告手法は用いていない。ナイキの広告手法は，新たな生き方・自分らしい生き方・スポーツの素晴らしさ・アスリートの偉大さなどのイメージを視聴者に伝え，そのイメージへ行く手助けとしてナイキやナイキの製品があるのだということ，すなわち自分らしく生きるためにナイキ製品を購入して欲しいということをアピールする従来の広告手法とは異なる全く新しい広告手法である。こうしたナイキの広告手法は，近年ライバルのスポーツメーカーや，他業種の企業も積極的に模倣しており，その意味では，市場におけるナイキのプロモーション戦略の独自性が薄れつつあり，ナイキにおいては，ライバルの突き放しを可能とする，より消費者への訴求を可能とする広告戦略の追及が求められると言えよう。

3．おわりに
　以上，本章では，スポーツビジネスにおけるプロモーションについて検討した。ナイキでは，トップアスリートのプレイのすばらしさを伝えることに主眼を置いた広告や，近年ではマラソンに顕著なように自社製品を身に付けたアスリートが世界レベルの大会や箱根駅伝のような日本におけるメジャーなスポーツ大会において目覚ましい成果を収めることにより，人々の関心や注意を引き，ナイキという企業，ナイキの商品を多くの人々の印象に残らせ，購入させることを可能とした。言い換えていくと，スポーツビジネス，とりわけスポーツ用品事業においてはいかにトップアスリートに自

社製品を身に付けてもらうかを考え，行動していくことその成否こそがスポーツ用品事業の命運を決定づけるようになっていると言っても過言ではない。その意味では，初期のナイキがそうであったように，可能性あるアスリートを見つけ出し，彼らとともに歩んでいくというスタンスが後発のスポーツ用品メーカーには求められるということであろう。

　またスポーツ事業の形態が変われば，有効なプロモーションの方法は異なると考えられる。例えば，全国的にファンを作ることを目指してはいない，地域密着戦略を実践しているプロスポーツクラブにおいては，スポーツ用品メーカーと異なるプロモーション戦略が求められよう。プロスポーツクラブにおけるプロモーション戦略の考察については他日を期したい。

＜課題＞

　以下の2つから1つを選んで考えてみよう。

① 興味のあるスポーツ企業・組織を取り上げ，そのプロモーション戦略について分析し，改善すべきところがあればそれを指摘しなさい。
② 自分でスポーツイベントの企画を行い，そのスポーツイベントをどのようにプロモーションしていくのか，その方法についてできるだけ詳しく紹介しなさい。

＜参考文献＞

石崎徹（2019）マーケティング・コミュニケーションの考え方. 石崎徹編著, わかりやすいマーケティング・コミュニケーションと広告［第2版］. 八千代出版, pp.13-26.

ナイト：太田黒奉之訳（2017）SHOE DOG　靴にすべてを。. 東洋経済新報社.＜Knight, P.（2016）Shoe dog : A memoir by the creator of Nike. Scribner.＞

松田義幸（2003）スポーツ・ブランド―ナイキは私たちをどう変えたのか？. 中央公論新社.

酒井政人（2019）ナイキシューズ革命　"厚底"が世界にかけた魔法. ポプラ社.

和田充夫・恩蔵直人・三浦俊彦（2006）マーケティング戦略（第3

版）．有斐閣．

（大野　貴司）

第 6 章
スポーツ企業の経営戦略

1. はじめに

　本章では，スポーツ企業の経営戦略について考えていく。経営戦略とは簡単に言えば企業が目標を達成するための計画を立てていくことである。重要なことは優れた戦略を立てるだけでなく，それを実行することではあるのだが，企業の業績の差異を分けるのは筆者に指摘されるまでもなく，企業により策定される戦略の良し悪しであり，これは本書が考察の対象としているスポーツビジネスもまた例外ではない。そこで本章では，経営戦略の視点からスポーツビジネスについてアプローチし，スポーツ企業における経営戦略の重要性について考えていきたい。

2. ヨネックスの事例

（1）ヨネックスの創業

　ヨネックスの創業者，米山稔は 1924 年に新潟県に生まれた。父・源一郎は，下駄の製造と販売を生業としていた。1941 年（昭和 16 年）に米山は，家の借金と弟たちの面倒を見るべく，故郷を離れ，名古屋の軍事製造工場に就職した。後，軍隊入りし，第二次世界大戦終戦後は新潟に戻り，弟隆義と後のヨネックスである「米山製作所」を設立した。米山製作所では，米山家の課業であった下駄製造に使われた木工技術を酒瓶のコルク，薬箱など他への転用を目指し，売上の拡大を目指した。こうした模索の中で，米山は，漁に使用される木製のウキを開発した。この木製のウキは飛ぶように売れ，米山製作所の名前も地域に広く知られることとなった。しかしながら，

図表 6-1 ヨネックス企業概要

会社名	ヨネックス株式会社
所在地	東京都文京区湯島
創業	昭和 21 年 4 月
資本金	47 億 660 万円
売上高	619 億円 (2020 年 3 月期, 連結)
当期純利益	16 億円 (2020 年 3 月期,連結)
事業内容	スポーツ用品の製造・販売, ゴルフ場の運営
営業種目	バドミントン用品 テニス, ソフトテニス用品 ゴルフ用品 スノーボード用品 ウォーキングシューズ アスレチックウェア ランニングシューズ ロードバイク 風力ブレード
従業員数	1,815 名 (2020 年 3 月期)
関係会社	アメリカ, カナダ, ドイツ, イギリス, 台湾, 中国, インドなどに所在

ヨネックス株式会社ホームページ「企業情報」「IR 情報」
（https://www.yonex.co.jp/company/about/info/,
https://www.yonex.co.jp/company/ir/highlight/01.html）を参考に作成

喜んだのもつかの間, 木製のウキの販売数は急速に下落する。理由は, 漁網が木綿製からナイロン製に変わったことによる漁の方法の変化と, プラスチックのウキの台頭であった。木綿の網と木製のウキは干して乾かさなければ再度使用できないが, ナイロンの網とプラスチックのウキならば一々網やウキを干す必要がなく, その意味で, 木製のウキよりも, プラスチックのウキのほうが, 漁師たちには使い勝手が良かったのである。ナイロン製の漁網, プラスチック

製のウキの台頭を見過ごしたことと，プラスチック製のウキに対して木製のウキが技術面で劣っていたことが，ウキにおける米山製作所の敗因であった。すなわち「情報」と「技術」面での敗北である（グループ 21，1987；米山，2006）。

　この敗北は，後のヨネックスの製品開発に大いに活かされている。実際にヨネックスは，今日に至るまでこの失敗を教訓とし，新製品の開発にあたっては，「情報」と「技術」と，新機能を実現させる「新素材」の探索と活用を重視している（グループ 21，1987；米山，2006）。

（2）　スポーツ用品事業への転身

　米山は，ウキの販売を諦め，「生涯かけてやり通せる新規事業」を探すため，全国を行脚した。全国を見て歩くうちに，国内が戦後の混乱から立ち直り，経済的な成長の胎動を見せつつあることを米山は強く感じ，これからは国が豊かになり，食も足りるようになり，生活に余裕が生まれるようになれば，人々の関心は余暇活動，すなわちレジャーに向くようになると考えた。このレジャーの中でもスポーツは，とくに目覚しい成長を見せるのではないかと米山は感じた。そうして米山は，これからは「スポーツの時代が到来する」と確信し，スポーツに関わる製品の製造を自らの事業とすることを決意したのである（米山，2006）。

　新潟であるならば，ウィンタースポーツであるスキーのイメージが強い。しかしながら，スキー板の需要は雪に左右され，安定した需要を見込むのが困難であった。当時，バドミントンは広いスペースも要らず，比較的手軽にできるスポーツとしてブームになりつつあった。そこで米山は，自らが事業の中で培ってきた木工技術を活かし，バドミントンラケットの製造に乗り出した。最初は，ブランドも販売網も持たなかったため，大手バドミントンメーカーのサンバタの下請けとして OEM 製造を開始した。その中でヨネックスは，持ち前の木工技術を活かし，後には，月の生産量を 3 万本台に成長させている。順調な生産本数の拡大もあり，ヨネックスは資本金400 万，従業員数も 50 人を超える地場企業へ成長した。1961 年のサンバタ倒産後は，自前で製造し，販売へ乗り出している（グルー

プ 21，1987；米山，2006）。

　1960 年代の日本のバドミントンのラケットメーカーの大半はレジャー用のバドミントンラケットを生産・輸出していた。そうした事業活動により，各メーカーは順調な売上台数を確保していたが，台湾や韓国でもレジャー用のバドミントンラケットの生産が開始されるとの情報が入った。米山自身も現地に乗り込み調査を行い，このまま低価格のレジャー用ラケットを生産していてはいずれ韓国や台湾メーカーに追い抜かれるという確信に至った。そこで米山製作所では，価格競争に巻き込まれないアスリート（世界の一流選手）の使う高級ラケットへと製造製品のシフトを行うことを決定した。実際に，米山の予想は当たり，日本のレジャー用ラケット市場は台湾・韓国メーカーに席巻され，倒産するメーカーが続出した（グループ 21，1987；米山，2006）。

　米山はアスリート用ラケット開発のヒントを求め，イギリスへと旅立った。そこで，ラケット素材の主流が木材からスチールに変化していることを知り，「木の時代の終わり」を痛感したスチールを素材としてラケットを開発してもヨーロッパのメーカーの後追いになるだけで，彼らに打ち勝つことは到底できない。そこで，ヨネックスには，スチールに対抗する素材を見つけ，その素材でラケットを開発することが求められたのである。そこで目を付けたのがアルミであった。こうした試行錯誤を経て，アルミを素材としたバドミントンラケット「アルミナエース」が製品化される。アルミナエースは，わが国初の金属製ラケットであり，フレームとシャフトの部分を T 字型の接ぎ手で接続することにより，ラケットに集中する力を受け止め，その強度を上げることに成功している。加えて，アルミゆえ，軽く，加工しやすい上にコストが安いなどの利点を持っていた。こうして米山は，スチールをしのぐ，高性能のバドミントンラケットの開発に成功し，ヨネックスを海外メーカーを凌ぎ世界一のバドミントンメーカーへと成長させたのである（グループ 21,1987；米山,2006）。

　こうしてヨネックスは，世界のバドミントンラケット市場のトップを獲得したものの，それ自体の市場規模は小さい。そのためヨネックスでは，収益の拡大の手段として，次なる市場に進出する必要

性があった。そこで目を付けたのは，技術の応用性も利き，市場成長（競技人口の増大）の見込めるテニスラケットであった。1969年にアルミ製のテニスラケットを開発し，販売に乗り出すが，欧州で生産中止になってしまう。欧州選手のパワーに対応できず，ラケットが折れてしまうためであった。この問題は，ラケットのシャフト部分にしなやかさを持たせることにより，打球時の振動を和らげることによりラケット自体の強度を高めるとともに，球持ちをよくし，コントロール性を高める「OPS構造」により解決がなされることとなった。OPS構造は世界的な特許となり，アルミ製テニスラケットもベストセラー商品へと成長した（グループ21，1987）。

　OPS構造によるアルミ製ラケットの成功に慢心することなく，ヨネックスではさらなる研究開発が推し進められた。次にヨネックスが目を付けた素材は，「カーボン（炭素繊維）」であった。炭素繊維とは，合成繊維を高い温度で焼いて作る高強度の素材であり，「アルミよりも軽く，鉄よりも強い」と言われており，強さや弾性に優れている。スポーツの世界だと1970年代前半にゴルフクラブへの使用がなされている。1977年には，ヨネックスは，炭素繊維とグラスファイバーの複合材を材料にしたテニスラケット「カーボネックス8」，「カーボネックス7」を発売した。続く1978年には，シャフトに炭素繊維を使った「カーボネックス3」を発売し，1981年，オールカーボンラケットの販売に踏み切った（グループ21，1987）。

　テニスラケット領域でのカーボンラケットの成功を契機に，ヨネックスではゴルフクラブの開発も行われた。カーボンアイアンを開発し，従来は鉄製だったアイアンを弾力性に優れたカーボン製にすることで，飛距離を飛躍的に向上させた。加えて，当時，1万円台が相場だったアイアンを2万3000円で販売していたのもかかわらず，カーボンラケットは，生産が注文に追いつかないほどの大ヒット商品となった。後にヨネックスは，カーボンアイアンの原価軽減を実現し，販売価格を下げることを成功し，さらに多くの需要を高めることに成功した（グループ21，1987）。

（3）ヨネックスの製品広告手法

① 頂上戦略

　頂上戦略とは，世界的なトッププレイヤーに愛用されるような製品を作り，試合で使用してもらうことで，その光景を見た人々の印象に残らせるとともに，購買へと繋げていくプロモーション手法である。ヨネックス以外にもアシックスなども採用している戦略である。ヨネックスでは，女子テニス協会の創設者ビリー・ジーン・キング，女子プロテニス界の女王マルチナ・ナブラチロワ，全日本選手権3連覇井上悦子，伊達公子，マルチナ・ヒンギス，ゴルフでは石川遼などの世界のトップ選手に自社のラケットを利用してもらうことで，その意見や要望を製品開発へと活かすとともに，そうして製品化したラケットをトップアスリートである彼らに試合で使用してもらうことにより，それを製品のプロモーションの手段としているのである。トップ選手は，文字通りヨネックスの「動く広告塔」として世界を転戦し，ヨネックスのブランド・イメージを高め，ヨネックス製品のプロモーションと売上に多大なる貢献をしている。

② 外堀戦略

　ヨネックスがテニスラケットやバドミントンラケットの開発に乗り出した当時は，アスリートの使うようなバドミントンラケット，テニスラケットは海外のもの（欧州）が良いとされており，日本製のラケットのイメージはあまり良いものではなかった。そこでヨネックスでは，まずウィンブルドンなどの世界のトッププレイヤーが出場する大会でトップ選手にヨネックスのラケットを使用させ，海外における認知度・利用度を高めていくことを目指した。海外での認知度や利用率を高めることにより，国内における利用率を高めていこうという戦略である。つまりは，外堀戦略とは，日本人のアスリートのユーザーを増やすため，まずは海外のユーザーに支持され，ユーザーを増やすことを目指す戦略であり，本丸（日本人ユーザー）ではなく，外堀（海外ユーザー）から攻める戦略である。この外堀戦略は，「逆輸入」，日本人の「舶来品」への弱さを突いた戦略であると言える（グループ21，1987）。

③ コーポレートカラーの明示

　1982 年には社名を「ヨネックス」に変更し，「YONEX」のロゴを創設し，製品に使用するマークを「yy」に統一し，コーポレートカラーを緑と青に定めた。マークを統一し，できるだけシンプルにすることで消費者の印象に残らせることを目指したのである。

3. スポーツ企業の経営戦略

　ここでは，経営戦略の理論を踏まえながらスポーツ企業の経営戦略について考えていくことにしたい。まずは，経営戦略であるが，軍事用語であった「戦略」という用語を初めて企業経営に用いたアルフレッド・チャンドラーJr.は，経営戦略を「基本的な長期目標や目的を設定し，それら諸目的を遂行するために必要な行動のコースを選択し，諸資源を割り当てる」（Chandler, 1962；邦訳 29）企業の行動であると定義している。チャンドラーの定義を踏まえるならば経営戦略とは目標を設定するだけでなく，それを実現するための計画を策定し，計画を実行するための資源を割り振っていく行為であると言うことができよう。

　またミンツバーグなどは，経営戦略は以下の 5 つの性格を有するとしている。

　著名な経営戦略の研究者であるミンツバーグ（1978）によると，経営戦略は以下の 5 つの性格を有するという。

① 計画（plan）…目標（＝売上 UP，市場シェアの拡大など）を達成するためには，具体的にどうすれば良いのか
② 策略（ploy）…競争相手を出し抜くためにはどうしたら良いか
③ パターン（pattern）…従業員が，自社にとって望ましい行動をしてくれること
④ 位置（position）…自社をどのように位置づけるか（＝どのような商品を扱うのか）
視野（perspective）…自社の将来像を想像すること

　さらに付け加えるならば，経営戦略とは自らを取り巻いている外

部環境に適応を可能にするものでなければならない。外部環境を構成するのは，市場（顧客）や技術や社会などの環境である。企業は自らの戦略により，顧客のニーズを捉え，技術革新などにも対応し，社会の情勢（現在であればウィズ・コロナがまさにそれであろう）にも対応するというように，環境への適応を目指すことが求められる。

（1）経営戦略の階層性

　企業の戦略は，企業におけるどの層により策定されたかにより，その呼び方は異なる。当然それぞれの階層で策定された戦略はその目的は異なる。

　まず，企業における経営者，経営幹部により策定される戦略は企業戦略（全社戦略）と呼ばれ，そこでは事業領域，事業のポートフォリオ（配置），事業間の資源配分が決定される。言うまでもなく企業戦略は企業にとって根幹的な方向性を決定づける戦略である。ヨネックスの場合は，スポーツ事業への進出，ゴルフクラブ事業など他事業への進出，海外進出の決定などがこれに該当しよう。

　次に製品レベル，すなわち事業部レベルで策定される戦略は事業戦略（競争戦略）と呼ばれる。競争戦略では競合他社よりも先んじて製品を販売し，利益を獲得していくこと，そのための競争優位の構築の方法が決定される。ヨネックスの場合で言えば，テニスラケットを競合他社よりも多く販売するための製品開発，販売などを考えていくことが競争戦略に該当しよう。競争戦略については後程詳述したい。

　最後は，購買，製造，人事，経理，営業などのそれぞれの現場レベルで策定される戦略は機能戦略と呼ばれる。そこでは，企業戦略や競争戦略を効果的に遂行していくための業務の効率化が決定される。例えば，競争戦略で計画された製品戦略に対応するため柔軟な生産体制を構築するなど，競争戦略と連動化させた活動が求められていく。

　これら企業戦略，競争戦略，機能戦略を総称して経営戦略と呼ばれている。経営戦略とは自らを構成する企業戦略と競争戦略と機能戦略が有機的に結びついていなければ成功を収めることは難しい

と言えよう。以下，もう少し具体的に考えてみたい。

（2） スポーツ企業に求められる戦略とは

　まず求められるのは，企業戦略であり，企業が何を目指すのかである。スポーツ企業であるならば，自社の事業を通してどのような形でスポーツに貢献していくのかを考えていくことが求められよう。ヨネックスのようなスポーツ用品メーカーであるならば，優れたスポーツ用品を開発・販売することにより，スポーツの高度化，そして大衆化に貢献し，そのレベルアップや，人々の健康に寄与することにより社会に貢献していくことは可能であり，プロスポーツクラブであるならば，魅力的なチームづくりを通して地域の人々に地域への誇りや夢を与えることが可能である。このようにまずは，自社が事業を通じてどのような形でスポーツに役立っていくかを構想していくことが求められる。こうした構想は，企業にとっての基本的な価値観を明文化した経営理念との関連で行われていくべきものであると言えよう。

　こうした構想を具体化していくのが競争戦略である。具体的な製品開発や販売活動を通して顧客に社会的に有用な製品・サービスの提供を通してその対価である売上を獲得し，利益を得ていくのである。しかしながら先述のように，企業が売上を得て，利益を獲得していくためには，自社と同じ製品を販売している企業との競争に勝たなければならない。企業間競争を戦い抜き，いかに勝つのか，そのための計画を考えていくことを競争戦略ということは先述した。以下もう少し具体的に競争戦略について考えてみたい。

　企業間競争を勝ち抜くためには，アスリート同士のフィールド上での競争を同じく，競争を有利に進めるための武器が必要である。この武器は，企業で言えばヒト，モノ，金，情報の経営資源がこれに相当する。企業は経営資源を基盤として経営活動を行っており，戦略もまたその実行には経営資源が必要となる。理想はこの武器に相当する経営資源が優れたものであることが企業にとっては望ましい。そうであれば企業間の競争を優位に運ぶことは想像に難くない。経営学，経営戦略論においても，企業が競合他社に比べ，優れた業績をあげ続けることができる（＝持続的競争優位の状態に居

る）原因は，競合他社よりも優れた経営資源や能力（＝リソース）を有していることにある見なす見解が存在する。こうした見解は「リソース・ベースト・ビュー（Resource Based View：資源に基づく企業観）」と呼ばれている。以下，リソース・ベースト・ビューの視点から競争戦略のエッセンスについて検討したい。

(3) リソース・ベースト・ビュー

　ではどのような資源が企業を持続的競争優位へと導くのであろうか。ジェイ・バーニー（1997）は，企業を持続的競争優位へと導くリソースは，以下の4つの条件をみたすものであるとしている。
・価値（Value）＝価値があること（企業に利益をもたらすものであること）
・希少性（Rareness）＝競合他社がそのリソースを有していないこと
・模倣困難性（Imitability）＝競合他社がそのリソースを真似するのが難しいこと
・組織（Organization）＝そのリソースを活用する組織体制が整っているか
　バーニー（1997）は，1つも条件をみたせない場合はその資源は「競争劣位」，1～3つしか条件をみたせない場合は，その資源は「一時的な優位」の状態に留まるとしており，企業に必要なのは，この4つの条件をみたすリソースを見つけるか育てていくことであるとしている。バーニーが提示したこのフレームワークを「VRIO分析」という。VRIOに該当する資源は，ヒト，モノ，金，情報のいずれかということになるが，情報的経営資源には自社のブランドや顧客や取引業者との関係性，企業文化など目に見えないものも含まれ，そうしたもののほうが一見競合他社にはそれを判別することは困難となるし，模倣することも困難になるとも考えることも可能であろう。
　その意味では，VRIOに該当する資源を社内で発見するか，育成することが競争戦略には重要であるということができる。
　では，本章で検討したヨネックスの場合，VRIOに該当する資源は何であろうか。本章における記述を踏まえるならば，ヨネックス

の VRIO に該当する資源は，「ラケット分野を中心に展開されてき
た技術力であり，それ（技術や素材）に関わる知識」であると言え
よう。それは，

V＝質の高いバドミントンラケット，テニスラケット，ゴルフクラ
　　ブなどのスポーツ用品の開発を可能として，多くの人々に購入
　　してもらうことを可能にしている。

R＝複数のラケットの製造開発を通じて培ってきた技術ゆえ，ヨネ
　　ックス独自の技術である。

I＝競合他社がヨネックスのラケット開発に関する技術を模倣する
　　ためには，ヨネックス同様多様なラケットの開発を通じて技術
　　を社内に蓄える必要がある

O＝ヨネックスでは，この「技術力」を軸に多様な製品を開発・販
　　売している。

というように，VRIO フレームワークにも合致しており，競争優位
を有する資源であると指摘することが可能である。

　リソース・ベースト・ビューで重要なことは，外部環境に適応す
るために，自社のリソースを最大限に活用できる戦略を実行してい
くこ，あるいは外部環境に適応できるように自社の資源を育成する
ことである。戦略の策定・実行を考えていくには，外部環境と内部
環境（企業が現在どのような資源を保持しているのか，それが競争
優位になるのかどうか）の両方をしっかり分析することが求められ
るということである。

　VRIO フレームワークを踏まえるならば，スポーツ企業もまた自
らの強みとなりうるような経営資源を企業内部に構築していくこ
とが必要ということである。それこそが企業の戦略を独自のものに
することを可能にして，多くの顧客を引き付け，高い売上とひいて
は利益を可能にするものと言えよう。今回はスポーツ用品メーカー
を事例として取り上げたが，今後はプロスポーツクラブ，フィット
ネスクラブ，スポーツ用品店など他業種の視点からも VRIO 分析を
試みていくこともまたスポーツ企業の戦略的研究を進めていく上
では有効ではないかと考えられる。今後の研究上の蓄積が望まれる
領域である。

図表 6-2　経営戦略の策定モデル

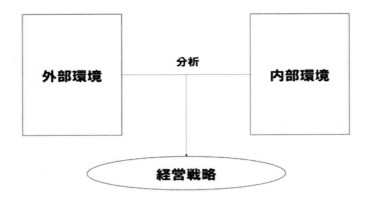

筆者作成

4. おわりに

　以上，本章では，スポーツ企業の経営戦略に焦点を当てて検討を行った。そこでは自らの強みとなるような内部資源の重要性について論じたが，先述のように，外部環境が変われば，企業もまた現在の戦略は有効でなくなる可能性も高くなる。現在はウィズ・コロナの環境まっただ中にあり，社会は大きな変化の波に流されている。そうであるならば，求められてくる戦略もまたビフォー・コロナの時代とは違うものかもしれない。今後，スポーツ企業もまた自社の強みとなる資源を，その環境の変化へとマッチングさせながら新たなる戦略を提示し，それを実行していくことにより競争優位を構築していくことが求められよう。

＜課題＞
　関心のあるスポーツ企業・組織の強みとなる経営資源を挙げたうえで，その VRIO 分析を行い，その企業の戦略の有効性を分析しなさい。

＜参考文献＞

Barney, J. B. （1991）Firm resourced and sustainable competitive advantage. Journal of Management, 17 : 99-120.

Barney, J. B.（1997）Gaining and sustaining competitive advantage. Pearson Education.

グループ 21（1987）ヨネックスはなぜヨネックスなのか. エムジー.

Mintzberg, H.（1987）The strategy concept 1 : Five Ps for strategy. California management review, 30（1）: 11-24.

ミンツバーグ他：齋藤嘉則監訳（1999）戦略サファリ. 東洋経済新報社.＜Mintzberg, H., Ahlstrand, B. W. & Lampel, J.（1998）Strategy safari, Free Press.＞

米山稔（2006）ヨネックス米山稔負けてたまるか。 私の履歴書. 日本経済新聞社.

＜参考 URL＞

ヨネックス株式会社ホームページ.http://www.yonex.co.jp（参照日 2020 年 12 月 2 日）.

（大野 貴司）

第 7 章
スポーツ施設のマネジメント

　「する」,「みる」,「ささえる」スポーツを楽しむには, 気楽に使
用できて試合を観戦できるスポーツ施設が身近にあるとよいだろ
う。本章では, スポーツ施設とは何かについて, わが国におけるス
ポーツ施設の種類と数, その役割について概観する。そして, 昨今
のプロスポーツをはじめとするスポーツビジネスの発展には, スタ
ジアムやアリーナといった公共スポーツ施設が重要な役割を担っ
ていることから, 公共スポーツ施設の役割, 公設民営化の流れと現
状について国内外の事例を参照する。単なるハコものから魅力的な
ベニュー(会場)を実現させるために, マーケティング的考え方や
民間事業者のノウハウの活用に関してこれまでの変遷を把握し, 今
後の公共スタジアムやアリーナのマネジメントの動向を見ていく。

1. わが国のスポーツ施設

(1) 体育・スポーツ施設の4分類

　わが国では, スポーツ庁が昭和 44 年から 5 年〜7 年おきに「体
育・スポーツ施設現況調査」として, 全国のスポーツ施設の実態調
査を行っている。調査の目的は, 体育・スポーツの振興に資するた
め, 我が国における体育・スポーツ施設の設置者別現在数や施設の
開放状況等を明らかにし, 今後のスポーツ振興施策の企画・立案に
必要な基礎データを得ることにより, 2020 年以降も見据えた国民
のスポーツ活動の推進に向けて, 体育・スポーツ施設の整備に関す
る指針等の作成に係る基礎資料とするものとされている。
　当調査では, スポーツ施設を大きく 4 つに分類している。(1) 学

校体育・スポーツ施設，（2）大学（短期大学）・高等専門学校体育・スポーツ施設，（3）公共スポーツ施設（社会体育施設：一般の利用に供する目的で地方公共団体が設置した体育館，水泳プール，運動場等のスポーツ施設，社会教育施設：公民館，博物館，図書館等に付帯するスポーツ施設），（4）民間スポーツ施設である（図表 7-1）。

図表7-1 スポーツ施設の分類

(1)	学校体育・スポーツ施設
(2)	大学（短期大学）・高等専門学校体育施設
(3)	公共スポーツ施設
	・社会体育施設
	・公立社会教育施設等に附帯するスポーツ施設
(4)	民間スポーツ施設

（スポーツ庁「体育・スポーツ施設現況調査結果」, 2018）

（2） 体育・スポーツ施設の数はおよそ 19 万箇所

　わが国のスポーツ施設の数はどれほどあるのだろうか。図表 7-1 の分類ごとにその数と割合を表したものが，図表 7-2 と図表 7-3 である。体育・スポーツ施設の設置数総数は，187,184 箇所である。学校体育・スポーツ施設は 113,054 箇所（60.4%），大学・高専体育施設は 6,122 箇所（3.3%），公共スポーツ施設（社会体育施設と公立社会教育施設に附帯するスポーツ施設の合計）は，51,611 箇所（27.6%），民間スポーツ施設は 16,397 箇所（8.8%）となっている。

図表7-2 体育・スポーツ施設設置数

	総数	学校体育・スポーツ施設	大学・高専体育施設	公共スポーツ施設	公立社会教育施設に附帯するスポーツ施設	社会体育施設	民間スポーツ施設
箇所数	187,184	113,054	6,122	51,611	4,630	46,981	16,397
(%)	100	60.4	3.3	27.6	2.5	25.1	8.8

（スポーツ庁「体育・スポーツ施設現況調査結果」, 2018）

図表7−3 体育・スポーツ施設設置数

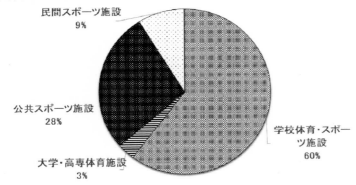

民間スポーツ施設
9%

公共スポーツ施設
28%

大学・高専体育施設
3%

学校体育・スポーツ施設
60%

（スポーツ庁「体育・スポーツ施設現況調査結果」.2018）

　図表 7-4 は，体育・スポーツ施設設置数の推移を表したものである。こちらのグラフが示すように，体育・スポーツ施設は平成 8 (1996) 年以降減少傾向にある。学校体育・スポーツ施設の現象は，学校の統廃合や施設の老朽化による使用中止が主な原因とされている。また，公共スポーツ施設に関しては，調査結果概要によれば，社会体育施設だけを見ると，平成 11 (1999) 年頃から横ばい傾向が続いていることから公立社会教育施設に附帯するスポーツ施設の減少によるものとされている。いずれにしても，教育，公共関連においては，今後も人口減が続く時代において増加は見込めないだろう。

(3) 学校体育・スポーツ施設の開放状況

　このように，わが国の体育・スポーツ施設の 6 割強は教育機関が占めている。近年は学校施設の開放も団体利用のみならず個人利用も進むなど，地域の人が利用できる機会も増えている。図表7-5は，市区町村における学校体育・スポーツ施設開放状況を示したものである。平成26(2014)年度の開放実施割合が 87.4%から平成29(2017)年度は 90.2%と増加している。しかしながら，既存の団体の利用が既得権益化していたり，「いつでも，だれでも」参加できることを目標とした総合型地域スポーツクラブが全国で成功しているかに

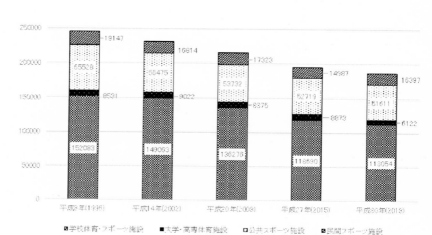

図表7-4 体育・スポーツ施設設置数の推移

図表7-5 市区町村における学校体育・スポーツ施設開放状況

調査年度	市区町村数	開放 市区町村数	開放実施割合 (%)	未開放 市 区町村数	未実施割合	未回答 市 区町村数	未回答割合 (%)
平成29年度 (2017)	1,741	1,570	90.2	83	4.8	88	5.1
平成26年度 (2014)	1,741	1,522	87.4	65	3.7	154	8.8

ついては検証が必要であろう。

　図表7-6は，施設種別・学校段階別開放状況を表したものである。小学校，中学校，高等学校等と比較すると，小学校の開放状況が中学校・高等学校等と比較して高く，学校開放に貢献しているのは小学校の体育施設であることがわかる。小学校保有のプールは屋外施設が多いこと，屋外庭球場はそもそも小学校の保有は少ないが，地域に開放が進み始めていること，中学校・高等学校等は部活動による利用が多く地域に開放しづらいことが推察される。

図表 7 - 6　施設種別・学校段階別開放状況

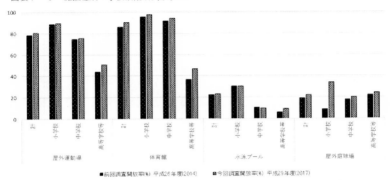

（スポーツ庁「体育・スポーツ施設現況調査結果」, 2018）

（4）　公共スポーツ施設が扱いにくい分野を担う民間スポーツ施設

　図表 7-7 は，体育・スポーツ施設種別ごとの設置個所数のデータから，体育・スポーツ施設ごとに上位 5 位までの施設を抽出したものである。全体で最も多い施設は体育館であり，以下多目的運動場，水泳プール（屋外），庭球場（屋外），野球場・ソフトボール場と続いている。その数を牽引しているのは，スポーツ施設の 6 割を占める学校体育・スポーツ施設である。特に水泳プール（屋外）は全国の小学校にあることがみなさんも思い浮かぶように，その数が反映されている。その他施設もそれぞれの特徴が見えてくる。ひとたび教育機関を離れると，一般的な大人が「するスポーツ」として関わるスポーツ施設は，公共スポーツ施設と民間スポーツ施設であり，それぞれが社会教育施設としての公共スポーツ施設，公共が担えないところを民間とすみ分けている。民間スポーツ施設の上位 5 施設は，ゴルフ場を筆頭にトレーニング場，水泳プール（屋内），ゴルフ練習場，ダンス場である。民間のゴルフクラブや練習場，民間フィットネスクラブ等がその役割を担っている。例えば，維持管理経営に多くのコストがかかるゴルフ場は，利用者にも相応の受益者負担が求められることから公共施設としては機能しづらい。ゆえに，国内のゴルフ場の 9 割以上は民間ゴルフ場が経営を行っていることがこのデータからもわかるだろう。

図表7-7 体育・スポーツ施設種別ごとの設置数上位5施設

	総数 187,184		学校体育・スポーツ施設 113,054		大学・高専体育施設 6,122		公共スポーツ施設 51,611		公立社会教育施設に附帯するスポーツ施設 4,630		社会体育施設 46,981		民間スポーツ施設 16,397	
1位	体育館	22%	体育館	28%	体育館	20%	体育館	17%	体育館	33%	多目的運動場	16%	ゴルフ場	27%
2位	多目的運動場	20%	多目的運動場	26%	庭球場(屋外)	14%	多目的運動場	16%	多目的運動場	19%	体育館	15%	トレーニング場	10%
3位	水泳プール(屋外)	14%	水泳プール(屋外)	21%	多目的運動場	10%	野球場・ソフトボール場	13%	野球場・ソフトボール場	9%	野球場・ソフトボール場	13%	水泳プール(屋内)	8%
4位	庭球場(屋外)	8%	庭球場(屋外)	7%	トレーニング場	8%	庭球場(屋外)	10%	庭球場(屋外)	9%	庭球場(屋外)	10%	ゴルフ練習場	7%
5位	野球場・ソフトボール場	5%	銃剣道場(武道場)	5%	野球場・ソフトボール場	7%	トレーニング場	4%	水泳プール(屋外)	3%	トレーニング場	4%	ダンス場	5%

(スポーツ庁「体育・スポーツ施設現況調査結果」, 2018を参考に筆者作成)

2. わが国の公共スポーツ施設

(1) 公共施設・公共スポーツ施設とは何か

　上記において，わが国における体育・スポーツ施設は大きく分けて4種類あることがわかった。そして，その6割強を学校施設が占めていることに驚いた人もいるだろう。長い人生において，実際に学校生活を送る期間は人それぞれであるものの，15-20年くらいであろう。学校生活を経た後スポーツに関わる次のステージは，主に公共スポーツ施設や民間スポーツ施設である。

　公共スポーツ施設とは何かを定義するにあたって，公共施設とはどういうものを指すのか確認する必要があるだろう。公共スポーツ施設が該当する法律等として，地方自治法，都市計画法，総務省調査があげられる。地方自治法第244条では「普通地方公共団体は，住民の福祉を増進する目的をもってその利用に供するための施設（これを公の施設という）を設ける」ものとされている。都市計画法第4条第14項では，公共施設は「道路，公園その他政令で定める公共の用に供する施設をいう」と定義されている。また，総務省消防庁が毎年報告している「防災拠点となる公共施設等の耐震化推進調査結果概要」では，公共施設等とは「防災拠点となる庁舎，消防署，避難所となる学校施設など」となっており，防災拠点となる公共建物を対象としている。上記に照らし合わせると，公共スポーツ施設とは，住民の福祉を増進する目的をもってその利用に供するためのスポーツ施設であると同時に，防災拠点となりうる公共の用に供する施設であるといえる（図表7-8）。

図表7−8　公共施設スポーツ施設とは

公共施設を説明した関連法規等

関連法規等	地方自治法	都市計画法	総務省消防庁
内容	住民の福祉を増進する目的をもってその利用に供するための公の施設	道路、公園その他政令で定める公共の用に供する施設	防災拠点となる庁舎、消防署、避難所となる学校施設など

上記にてらしあわせると

公共スポーツ施設とは、住民の福祉を増進する目的をもってその利用に供するためのスポーツ施設であると同時に、防災拠点となりうる公共の用に供する施設である

(齋藤,2016)

（2）　みるスポーツのステージは公共スポーツ施設

　わが国の公共スポーツ施設の多くは，他の公共施設と同様の道のりを歩んできた。高度成長期（1961〜1975 年）には，都市への人口集中，経済活動の拡大に伴う施設の増加，生活レベルの向上に対応した高度な教育・文化施設に対するニーズの増大と多様化により，様々な施設がつくられてきた。スポーツ振興は行政主導のもと進められ，1946 年の国民体育大会の開催や 1964 年の東京オリンピック開催を契機に多くの大規模スポーツ施設が建設された。現在，この時期につくられた施設の多くが改修・更新期を迎えており，その改修や建て替えをどう進めるかが公共施設マネジメントの課題になっている（上和田，1995；五十嵐，2014）。2011 年の東日本大震災における甚大な被害は我々の記憶に新しいが，災害の多いわが国では公共施設は防災拠点としての機能も求められている。公共スポーツ施設も例外ではない。公共スポーツ施設をマネジメントする立場からすると，施設の耐震化，老朽化に伴う保守管理，改修や建て替えの問題など「ハード」の安全面をマネジメントすることが第一であることはいうまでもない。一方で，自治体の財政難をカバーするために管理運営の効率化を図ると同時に，住民のニーズをとらえた

サービスの提供を行う「ソフト」のマネジメントも重要である。昨今ではこれらを効率的にマネジメントすることを目的とした民間事業者のノウハウの活用が進められてきている。

（3） 地域を守る公共スポーツ施設

　2019年10月に日本で初めてラグビーワールドカップが開催された。台風19号が日本列島を直撃し，12日に開催予定であった2試合は中止となってしまった。日本代表にとっても13日に日産スタジアム（横浜国際競技場）で行われる予定だったスコットランド戦は，試合が中止となれば決勝トーナメントに進出が決定，スコットランドにとっては敗退が決まることから中止を免れたい試合であった。結果，日産スタジアムの治水対策，ならびに運営スタッフが総力を挙げたことにより開催できたことはみなさんの記憶にも新しいだろう。

　日産スタジアムは，1998年に横浜市が2002FIFAワールドカップ日韓大会の決勝戦を開催するために603億円を投じて建設された，収容人数約7万2000人の日本で最大のスタジアムである。急激な都市化で一気に大量の雨水が河川に集まり，水害が頻発するようになった鶴見川流域では，河川整備だけでは水害を防止することが難しいため，河川と流域が一体となって治水対策に取り組んでいる（国土交通省，2016）。そのため，鶴見川多目的遊水地という，流域が一体となって取り組む洪水防止のための総合治水対策がなされている。日産スタジアムは，この鶴見川多目的遊水地に組み込まれており，スタジアム自体の土台は1100本の柱で支えられた高床式構造となっている。総貯水量390万㎥で東京ドーム約3杯分もの水を貯めることのできる遊水地は，川の水位が上がると，遊水地に水を流し込み一時的に貯留できるようにし，周辺地域をはじめ下流域を洪水の危険から守ることができるようにしているのである。公共スポーツ施設が単なるスポーツ施設ではなく，住民の福祉に貢献するスポーツ施設であると同時に，防災拠点となりうる施設を表した事例であるといえよう。

3. 公共スポーツ施設のマーケティングと民営化

(1) アメリカで萌芽した公共スポーツ施設のマーケティング

　公共スポーツ施設においてマーケティングの考え方がはじめに用いられたのは，1970年代のアメリカであった。当時のアメリカは，オイルショックによる景気後退と減税法の可決によって国内の公共サービスが大幅に縮小される局面に立たされた。このような危機的な状況の中で，公共レクリエーションサービス分野とマーケティング哲学の融合という試みがなされ，これまで官僚的であった組織の体質を変え，顧客のニーズに合ったサービスの提供を試み，事業を拡大していこうとする機運が芽生えたのである。当時のアメリカにおいても，マーケティングという概念は営利追求のために用いられるという固定観念があり，そこから派生されるイメージも決してよいものではなかった（クロンプトンとラム，1991）。当時のわが国ではもちろん，2010年代の現在においても未だに公共サービスにおいて効果と効率を最優先するマーケティング哲学が十分に理解されているとはいえないのが現状である。しかしながら，市民のニーズを的確に把握して実行することがサービスの質を高め，サービス受益者である市民の生活をより豊かにしてくれるという考え方（原田，1991）は，サービス提供の方法こそ時代によって変化するものの，マーケティング哲学に基づいた考え方であるといえよう。このように，アメリカをはじめとする欧米諸国においては，公共サービスにおけるマーケティングの考え方を進展させ，具体的に民間に委託する制度を積極的に取り入れることによって自治体の財政再建に貢献すると同時に，市民のニーズに即したサービスを提供することに成功した。

(2) わが国における公設民営の手段

　わが国においても地方自治法の改正を重ね，2003年の244条の改正により「公の施設」の管理運営の規制が緩和され，民間事業者が「指定管理者」として公共施設の運営に携わることができるようになった（図表7-9）。民間事業者のノウハウを用いて利用者数の増大，利用者の満足度の向上さらには自治体経費の削減をめざすのが

図表7−9　公共施設に関わる地方自治法改正の変遷

改正年	内容
1963年	地方自治法改正に伴い、「公の施設」に関する制度が創設
	→自治体直営から公共的団体への委託が可能になった
1991年	地方自治法改正に伴い、「公の施設」の管理委託制度が充実
	→「公の施設」の「管理受託者」の範囲に自治体の出資法人が追加
	→利用料金制の導入の許可
2002年	総務省「制度・政策改革ビジョン」において「管理受託者」に株式会社が例示
	→民間事業者の参入が緩和される
2003年	地方自治法244条改正に伴い、「指定管理者制度」が導入される

齋藤（2016）

　地方自治体とのパートナーシップ，いわゆる公共施設の民営化である。

　それでは，地方自治体とスポーツ関係者はどのようなパートナーシップを結ぶことができるだろうか。現時点の法制度下で実施できる方式として，①地方自治体が整備したスタジアムやアリーナの管理運営を球団等が受託する方式（指定管理者制度），②地方自治体が整備したスタジアムやアリーナに球団等が使用料を払って管理運営する方式（管理許可制度），③地方自治体所有の土地に球団等が自らスタジアムやアリーナを建設し，管理運営する方式（PFI方式）の3つがあげられる（図表7-10）。以下公共スポーツ施設の民営化に関連する3つの方式について概説する。

① 指定管理者制度
　2003年9月の地方自治法244条の一部改正により，「公の施設」の管理運営の規制が緩和され，民間事業者が「指定管理者」になれるようになった。法改正以前は，地方自治体が直営するか，あるい

図表7-10　地方自治体が整備したスタジアム・アリーナの管理運営方式

方式	利用料金制度方式 (指定管理者制度)	管理許可使用方式 (テナント方式)	PFI方式 (Private Finance Initiative)
根拠法	地方自治法	都市公園法	PFI法
概要	利用料収入を事業者の収入とすることを前提に、高度な運営ノウハウを有する事業者に運営委託する方式	施設管理・運営ノウハウを有する事業者に有料で施設管理運営を許可する方式	契約に基づき、施設の設計、建設、管理運営まですべてを事業者に委ねる方式
メリット	利用料収入が事業者の売り上げに反映されるため、事業者としてもノウハウをフルに活用することから、利用者数の増加が期待できる	行政は賃料収入(管理許可使用料)が得られ、事業者は裁量も大きく経営の自由度が増し、集客のインセンティブも高く、改築も自由にできる	施設設計から運営まで事業者の創意工夫を最大限に発揮できる。長期的に行政負担が軽減される
リスク	利用者減により事業者収入が大きく減少するリスクがある。また、収入増加分の支払い方法について行政との微妙な調整が必要	都市公園法により適用施設が限定される。使用料が定額のため事業者のリスクは大きい	事業者としての建設費調達、設計業務の実施など資金リスク、設計リスクが発生する。事業者選定、契約等の一連の手続きが複雑

(間野, 2011)

は地方自治体が出資した財団や公社などに限定される「管理委託制度」であった。しかし，2006年9月以降は，地方自治体が設置したすべてのスポーツ施設に，地方自治体直営または指定管理者制度への移行が義務付けられた（図表7-11）。

　指定管理者制度を所管する総務省の調査（2012）によれば，全国で73,476カ所の公共施設が指定管理者制度を導入しており，そのうち「レクリエーション・スポーツ施設」は14,602カ所である。このうち導入状況が明らかにされている，都道府県における指定管理者制度導入施設の状況は，施設数582に対して，512の施設に導入されている（導入率は87.5%）。「産業振興施設」（40.4%），「基盤施設」（64.0%），「文教施設」（46.6%），「社会福祉施設」（41.4%）と，他の公共施設と比べると，スポーツ施設の導入状況の高さがうかがえる。

②　管理許可方式

　大規模スポーツやアリーナの多くは都市公園として整備されている。これは国土交通省の都市公園整備費補助金の上限と補助率が高いことが理由である。通常は都市公園施設であっても地方自治法

99

図表7−11　管理委託制度と指定管理者制度

期間	改正前（〜2003年9月）	改正後（2003年9月〜）
制度	管理委託制度	指定管理者制度
概要	公の施設の管理は、地方公共団体の直営もしくは出資している法人で政令で定めるもの又は公共団体もしくは公共的団体に委託することができる	従前のように直営または特定の法人等に限ることなく、株式会社等の民間事業者に委託することができる

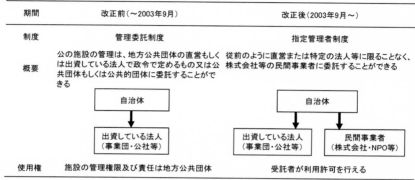

使用権	施設の管理権限及び責任は地方公共団体	受託者が利用許可を行える

（間野, 2007; 2011）

が定める公の施設であるため直営か指定管理者制度のいずれかとなるが，都市公園法の特例を利用した制度として「管理許可使用」方式があげられる。都市公園法第5条では，「都市公園を管理する者は，その管理に係る都市公園に設ける公園施設で自ら設け，又は管理することが不適当又は困難であると認められるものに限り，公園管理者以外の者に当該公園施設を設け，又は管理させることができる」とある。これを拡大解釈して，スポーツ施設そのものに適用する事例が出てきている。一種のテナント方式とも解釈することができ，使用料のリスクをとるかわりに営業収入のリターンを目指す方式である。利用料金制度に比べると，自由度が高まる代わりにハイリスク・ハイリターンの事業方式といえる。管理許可方式は，年間ホームスタジアムで約70試合の開催が見込まれるプロ野球では十分なリターンが見込めるかもしれないが，20試合程度のJリーグでは難しいクラブが多いだろう.年間での観客動員数が見込めない競技では厳しいだろう（間野，2007; 2011）。

③ PFI方式（Private Finance Initiative）

　PFI方式には多様な方式があるが，公共部門が所定の期間土地を貸与し，その土地に上物を民間事業者が建設するものである。具体的には，民間事業者グループが設立したSPC（Special Purpose Company:特別目的会社）が，スポーツ施設の建設費の資金調達も

含めて設計・建設・運営・維持・管理し，住民が一定の使用料を支払って利用する仕組みである。SPC は建設費として調達した借入金を返済しながら，20〜30 年にわたりスポーツ施設の経営を行う。

4．プロスポーツビジネスと公共スポーツ施設

　これまでみてきたように，わが国の公共スポーツ施設の民営化は指定管理者制度，管理許可方式，PFI 方式の 3 つの方式によって成り立っていることがわかるだろう。次に，代表的プロスポーツであるプロ野球とサッカー J リーグに関連するスポーツ施設の現状と，最近新設されたアリーナに関連して以下概説したい。

（1）プロ野球と J リーグ本拠地スタジアムの現状
　図表 7-12 と図表 7-13 は実際に使用しているスタジアムとその管理運営状況を表したものである。指定管理者制度を採用している。MAZDA Zoom-Zoom スタジアム広島，札幌ドーム，zozo マリンスタジアムのほか，管理許可使用方式の楽天生命パーク宮城，PFI に類似した形式の横浜スタジアムにみられるように，プロ野球では公共施設が所有しているスタジアムで直営のものはない。そして，実際に管理運営者としても球団が関わっているケースが多いことが特徴である。一方，J リーグにて使用するスタジアムは，クラブがスタジアムを所有して直営するケースは，J 1 の柏レイソルの日立柏サッカー場と J2 のジュビロ磐田のヤマハスタジアムが挙げられるが，その他はすべて公共施設である。ノエビアスタジアム神戸は，楽天グループがプロ野球同様自治体と交渉し，管理許可使用方式で運営に携わっている。Shonan BMW スタジアムが平塚市直営，ベストアメニティスタジアムが鳥栖市直営であるほかはすべて指定管理者制度が導入されている。クラブが指定管理者としてスタジアムの運営に携わっているのは，県立カシマサッカースタジアムとパナソニックスタジアム吹田の 2 件であり，プロ野球と比較すると試合数が少ない分，収容能力の低いスタジアムや観戦者数の少ないクラブでは，元をとるのは困難であることが推察される。
　以上から，都市公園法に該当する大規模スタジアムを含め，既存

図表7-12 プロ野球スタジアムの管理運営者

球団名	名称	開場年	築年数	収容人数	所有者	管理運営者	所有者直営	指定管理者	管理許可使用方式	PFI方式
読売ジャイアンツ	東京ドーム	1988	32	55,000	(株)東京ドーム	(株)東京ドーム	○			
中日ドラゴンズ	ナゴヤドーム	1997	23	40,500	(株)ナゴヤドーム	(株)ナゴヤドーム	○			
阪神タイガース	阪神甲子園球場	1924	96	47,541	(株)阪神電鉄	(株)阪神電鉄	○			
広島東洋カープ	MAZDA Zoom-Zoomスタジアム広島	2009	11	33,000	広島市	(株)広島東洋カープ		○		
東京ヤクルトスワローズ	明治神宮野球場	1926	94	34,572	(宗)明治神宮	(宗)明治神宮	○			
横浜DeNAベイスターズ	横浜スタジアム	1978	42	30,039	横浜市	(株)横浜スタジアム				△※
北海道日本ハムファイターズ	札幌ドーム	1998	22	53,796	札幌市	(株)札幌ドーム		○		
東北楽天ゴールデンイーグルス	楽天生命パーク宮城	1950	70	28,736	宮城県	(株)東北楽天イーグルス			○	
福岡ソフトバンクホークス	福岡PayPayドーム	1993	27	36,723	ソフトバンク(株)	ソフトバンク(株)	○			
埼玉西武ライオンズ	メットライフドーム	1979	41	33,921	西武鉄道(株)	西武レクリエーション(株)	○			
千葉ロッテマリーンズ	zozoマリンスタジアム	1990	30	30,022	千葉市	(株)千葉ロッテマリーンズ			○	
オリックス・バファローズ	京セラドーム大阪	1993	27	36,723	(株)大阪シティドーム	(株)大阪シティドーム	○			

※PFIに類似した方式　　　　　　　　　　　　　　　　　　　　　　　　　　　　　（各種ウェブサイトを参考に筆者作成）

図表7-13 Jリーグ(J1)で使用する主なホームスタジアムと管理運営状況

クラブ名	名称	開場年	築年数	収容人数	所有者	管理運営者	所有者直営	指定管理者制度	管理許可使用方式	PFI方式
北海道コンサドーレ札幌	札幌ドーム	2001	19	41,484	札幌市	(株)札幌ドーム		○		
ベガルタ仙台	ユアテックススタジアム仙台	1997	23	19,694	仙台市	(公財)仙台市公園緑地協会・日本体育施設グループ		○		
鹿島アントラーズ	県立カシマサッカースタジアム	1993	27	40,728	茨城県	(株)鹿島アントラーズFC		○		
浦和レッズ	埼玉スタジアム2002	2001	19	63,700	埼玉県	(公財)埼玉県公園緑地協会		○		
柏レイソル	日立柏サッカー場	1985	35	15,349	(株)日立柏レイソル	(株)日立柏レイソル	○			
FC東京	味の素スタジアム	2001	19	49,970	東京都	(株)東京スタジアム				△※
川崎フロンターレ	等々力陸上競技場	1962	58	27,495	川崎市	(公財)川崎市公園緑地協会		○		
横浜F・マリノス	日産スタジアム	1998	22	72,327	横浜市	(公財)横浜市体育協会・横浜マリノス(株)・管理JV		○		
横浜FC	ニッパツ三ツ沢球技場	1955	65	15,454	横浜市	横浜市緑の協会・スポーツ協会グループ		○		
湘南ベルマーレ	Shonan BMW スタジアム平塚	1987	33	15,690	平塚市	平塚市	○			
清水エスパルス	IAIスタジアム日本平	1991	29	20,248	静岡市	(公財)静岡市まちづくり公社		○		
名古屋グランパス	豊田スタジアム	2000	20	44,380	豊田市	(株)豊田スタジアム		○		
ガンバ大阪	パナソニックスタジアム吹田	2016	4	39,694	吹田市	(株)ガンバ大阪		○		
セレッソ大阪	ヤンマースタジアム長居	1964	56	47,816	大阪市	長居公園スポーツの森プロジェクトグループ		○		
ヴィッセル神戸	ノエビアスタジアム神戸	2001	19	28,425	神戸市	楽天ヴィッセル神戸			○	
サンフレッチェ広島	エディオンスタジアム広島	1992	28	36,894	広島市	(公財)広島市スポーツ協会		○		
大分トリニータ	大分スポーツ公園総合競技場「昭和電工ドーム大分」	2001	19	40,000	大分県	(株)大宣		○		
サガン鳥栖	ベストアメニティスタジアム	1996	24	24,490	鳥栖市	鳥栖市	○			

※PFIに類似した方式　　　　　　　　　　　　　　　　　　　　　　　　　　　　　（各種ウェブサイトを参考に筆者作成）

の公共スポーツ施設では 3 つの方式の中では指定管理者制度が最もメジャーな方式であることがわかる。例えば，MAZDA Zoom-Zoom スタジアム広島の新規開場にあわせて指定管理者になった広島東洋カープのように，今後は新設・リノベーションを行ったスタジアムで収益性が見込まれるものでない限り，球団やクラブはスタジアムの運営に関わるのは難しいことがうかがえる。

（2） アメリカのスタジアム・アリーナマネジメントの現状
① 魅力的なスタジアムやアリーナとは

　実際，人々にとってより魅力的なスタジアムやアリーナを実現するためには，アメリカをはじめとする欧米のスタジアム・アリーナの事例が参考になるだろう。欧米のトレンドはスタジアム・アリーナを中心とした街づくりであり，試合当日の観戦経験を高めるのみならず，例えばハード面においては，スタジアムに併設して大規模グッズ売り場，ホテル，レストラン，ミュージアム，ショッピング，コンベンションホール，老人ホーム等地域のニーズに応じた複合施設となっているなど地域ごとに特色がある。試合日以外の経験価値を高めるソフト面の取り組みとしては，ファンのニーズに応じたスタジアムツアーや子ども向けの誕生会プランや遠足などのホスピタリティーを提供していることなどが挙げられるだろう。

　プロスポーツビジネスの収入源は大きく分けて，①入場料収入，②スポンサー収入，③グッズ販売などのマーチャンダイジング収入，④放送権収入に分類される．なかでも，本章に直接関連する入場料収入は，実際にスタジアムやアリーナに直接来場する観戦者から得られる収入であることから，試合内容を充実させるとともに，ベニューとしての魅力を高めることは，集客力の向上につながるだろう。効果的に方策をミックスすることによって，試合当日の観戦経験を通じた観戦者の満足度を高めてリピーターにつなげるためにも魅力的なベニューの構築は重要である。欧米では，日本のような料亭や高級クラブでの会食やゴルフをビジネスの接待として行う文化がない代わりに，人気クラブのスポーツ観戦を接待として利用している。そう考えると，スポーツビジネスに企業が莫大なマネーを投下する理由も理解できるだろう。それでは，魅力的なベニュー構築

の参考となるアメリカのスタジアムの事例を紹介する。

② スタジアムの高付加価値に必須の Luxury Suites

　図表 7-14 は近年のアメリカにおける NFL 関連新設スタジアムの概要である。いずれもスポーツビジネスとして最も収益的にも成功している NFL のスタジアムであり，多方面から莫大なマネーが流入していることがうかがえる。これらスタジアムの特徴は，公共関連施設であり，運営は NFL チーム自らが行うほか，関連団体や運営専門業者が行っている。

　欧米のスタジアムやアリーナでは，Luxury Suites（以下 LS）と呼ばれる特別室や Club Seating（以下 CS）と呼ばれる特別席はビジネスの接待としての需要が多い。リーマンショック後の景気低迷によって企業側の予算も削減され，これまでと同条件で契約更新というわけにはいかないが，クラブ側も企業のニーズに応える形で様々なサービスや価格をミックスしたプランを提案することによってその蜜月関係は続いている。したがって，スタジアムやアリーナの新規建設やリノベーションを行う際には，LS や CS が効果的に配置された施設空間をデザインできるかということが，魅力的なベニューの構築には欠かせない。なぜなら LS や CS はクラブ側にとっても非常にメリットが大きいものだからである。

　Shapiro et al.（2010）によると，アメリカの 4 大メジャースポーツ（MLB，NFL，NBA，NHL）では LS や CS から得ている収入が実際に売上の 1/4 を占めるクラブも存在するように，昨今ではクラブにとっても大きな収入源となっている。LS の顧客の多くは複数年契約を結ぶ傾向にあるため，球団やスタジアム運営者にとっても（通常の入場料収入，駐車場収入，グッズ販売，飲食店販売と比較しても）より安定的な収入を得られる。なかでも，NFL におけるLS のニーズは高く，NFL に牽引される形で LS はこの 20 年間でおよそ 1.5 倍増加し，全米で 10,000 室を超えるほどまでになった。LS の年間使用料は 59,000 ドル~231,000 ドル（およそ 520 万円～2000万円，2010 年平均為替レート 1 ドル=87.78 円を参考に概算）といわれ，平均すると一施設あたりの LS による収入は年間 980 万ドル（およそ 8.6 億円，2010 年平均為替レート 1 ドル=87.78 円を参考

に概算）といわれている（Mason & Howard, 2008; Rhoda et al., 2010）。

③　近年のスタジアム・アリーナの特徴

　例えば MetLife Stadium は，LS が 218 室あり，30 人ほど収容できる快適な個室と，個室の内側と外側に観覧席が設置されている。LS 利用客専用の入り口，最新モニターやビジネスに必要な IT 環境が整えられているのはもちろん，高級レストラン並みのケータリングや洗練されたスタッフによるサービスも充実している。LS の年間使用料は 150,000 ドル～1,000,000 ドル（およそ 1300 万円～8800 万円，2010 年平均為替レート 1 ドル=87.78 円を参考に概算）とかなり高額であるが，主要顧客である企業や富裕層の人々はそれぞれのニーズにあった部屋を選ぶことができる（Shapiro et al., 2010）。そして，既存の LS の多くが field から離れた高い場所に設置される傾向にあり逆に生観戦の醍醐味を失っているとの指摘が増えていたことから試みの成功を受けて，その後新規建設されたスタジアム・アリーナは LS を工夫したデザインが施された。

　今後スタジアム・アリーナの 5G 化が進む未来に向けて，AT&T スタジアムは，2019 年シーズンに他のスタジアムに先駆けて 5G を導入した。Mercedes-Benz Stadium は Mercedes-Benz 社自身が設計段階から関わるなど Mercedes-Benz 社を彷彿させる斬新なデザインが話題となっているスタジアムであり，開業後 NFL ファンから最も支持されているスタジアムの一つである。NFL 関連スタジアムはとにかくその収容人数が 6-7 万人と桁違いであるが，NFL 開催時以外では最大 10 万人を収容する SoFi Stadium では 2028 年のロサンゼルスオリンピックのメイン会場となるといわれているほどのこれまでにないほどの規模のスタジアムが建設されている。

　図表 7-15 は，NFL 以外のアメリカにおける新設スタジアムやアリーナである。近年，アメリカにおけるサッカー人気の高まりから，MLS（Major League Soccer）の専用スタジアムが建設される傾向にある。公共施設で運営をクラブが行うケースも多いが，MLS の 20,000 人規模のスタジアムであれば自ら所有し，運営するケースも出てきている。アメリカにおけるスポーツ熱ならびにスポーツビジネスのノウハウをもってすれば，サッカーもビジネスとしてまだま

だ伸長する余地があるあらわれであろう。野球の MLB（Major
League Baseball）の Texas Rangers の本拠地となる Global Life Field
は，Rangers 自体が運営を行うこともあいまり，あえて人工芝を採
用し太陽の位置などを気にして建築する必要もなくデザイン重視，
維持管理もたやすくしたといえるだろう。アリーナはスポーツのみ
ならず多目的に使用できることが最近の主流である。なかでも
MSG Sphere は，New York の Madison Square Garden のノウハウを蓄
積した当社が Las Vegas エリアにおいてエンタテイメント・ホテル
ビジネスを展開してきた Sands Corporation と手を組んで建設を進
めている Las Vegas のランドマーク的存在となる未来的 Sphere であ
り，非常に興味深い。

図表7−14 アメリカにおけるNFL関連新設スタジアム

クラブ名	名称	所在地	開場年	築年数	収容人数	所有者	管理運営者
Dallas Cowboys	AT&T Stadium	Arlington, Texas	2009	11	80,000	City of Arlington	Dallas Cowboys
New York Giants New York Jets	MetLife Stadium	East Rutherford, New Jersey	2010	10	82,566	New Jersey Sports & Exposition Authority	Metlife Stadium Company, LLC（GiantsとJetsの子会社）
San Francisco 49ers	Levi's Stadium	Santa Clara, California	2014	6	68,500	City of Santa Clara	Santa Clara Stadium Authority
Minnesota Vikings	US Bank Stadium	Minneapolis, Minnesota	2016	4	66,860	Minnesota Sports Facilities Authority	SMG
Atlanta Falcons	Mercedes-Benz Stadium	Atlanta, Georgia	2017	3	78,347	Georgia World Congress Center Authority	AMB Sports and Entertainment Group
Las Vegas Raiders	Allegiant Stadium	Paradise, Nevada	2020	0	65,000	Las Vegas Stadium Authority	AEG Facilities
Los Angeles Chargers Los Angeles Rams	SoFi Stadium	Inglewood, California	2020	0	70,240	StadCo LA, LLC. Hollywood Park Land Company, LLC.	StadCo LA, LLC.

（各種ウェブサイトを参考に筆者作成）

図表7-15 アメリカにおける主な新設スタジアム・アリーナ

クラブ名	リーグ/用途	名称	所在地	開場年	収容人数	所有者	管理運営者
Austin FC	MLS サッカー専用スタジアム	Austin FC Stadium	Austin, Texas	2021	20,500	City of Austin	Two Oak Ventures LLC
Texas Rangers	MLB 野球場	Global Life Field	Arlington, Texas	2020	40,000	City of Arlington	Texas Rangers
Columbus Crew SC	MLS サッカー専用スタジアム	New Columbus Crew Stadium	Columbus, Ohio	2021	20,000	Columbus Crew SC	Columbus Crew SC
FC Cincinatti	MLS サッカー専用スタジアム	West End Stadium	Cincinatti, Ohio	2021	26,500	FC Cincinatti	FC Cincinatti
New York Islanders	NHL 多目的アリーナ	UBS Arena	Belmont, New York	2021	17,113	New York Arena Partners	New York Islanders
Fort Worth Stock Show Rodeo	Rodeo 多目的アリーナ	Dickies Arena	Fort Worth, Texas	2019	14,000	City of Fort Worth	Trail Drive Management Corporation
特定使用者なし	Music and entertaining venue 多目的アリーナ	MSG Sphere	Paradise, Nevada	2023	17,500	Madison Square Garden Company and Las Vegas Sands Corporation	Madison Square Garden Entertainment

(各種ウェブサイトを参考に筆者作成)

5. スポーツ施設，スタジアム・アリーナの今後

　ここまでのべてきたように，欧米ではスタジアム・アリーナは街づくりの中心となり，多くの公共スポーツ施設が民間によって運営されている事例も多くあることがわかった。わが国においても，欧米のケースを参考にスポーツによる地域活性化や健康まちづくりへの機運が高まっている。例えば，「未来投資戦略2017」や，スポーツ庁と経済産業省による「スタジアム・アリーナ計画指針」が掲げられるなど，多様な世代が集う交流拠点となるスタジアム・アリーナを2025年までに20か所整備するという具体的な目標を持った施策が動き始めている。そして，これら将来のスタジアム・アリーナには公共施設や商業施設などと複合的に組み合わせて，地域が活性化し，持続的に地域が発展する仕組みが求められている。さらに，すでにアメリカのスタジアムで実験的に5Gを装備したスタジアムが現れるなど，5GやICT等の最新テクノロジーを実装した「スマ

ートベニュー」は, 地域のさらなる発展を促すと同時に, 技術の益々の進展, スタジアム・アリーナ来場者に対して新たな経験価値を創造することにもつながるだろう。2020年10月現在, 新型コロナウイルス流行に伴い様々な活動や移動の自粛の後,「新たな生活様式」が人々に受け入れられはじめたところである。経済の停滞, 大規模イベント自粛等まだまだ先行きが不安定な世の中であるが, スポーツ施設のマネジメントも情勢に応じて臨機応変に対応していく必要があるだろう。

＜課題＞

以下から1つを選んで考えてみよう。

① わが国の公共スポーツ施設の民営化の現状について述べなさい。

② 災害の多いわが国に即した、魅力的なスタジアムやアリーナの在り方について検討しなさい。

＜参考文献＞

五十嵐健・小松幸夫監（2014）公共施設マネジメントハンドブック. 初版. 日刊建設通信新聞社.

ジョン・クロンプトンとチャールズ・ラム：原田宗彦訳（1991）公共サービスのマーケティング. 遊時創造. ＜Crompton, J. L.,& Lamb ,C. W.（1986）Marketing government and social services. Wiley.＞

上和田茂（1995）戦後50年と体育・スポーツ施設. 体育施設出版.

間野義之（2007）公共スポーツ施設のマネジメント（第1刷）. 体育施設出版.

間野義之（2011）公共スポーツ施設のマネジメント. 原田宗彦編著, スポーツ産業論（第5版）. 杏林書院, pp.128-138.

Mason, D.S., & Howard, D.R. （2008）New revenue streams in professional sport. In B.R. Humphreys & D.R. Howard（Eds.）, The business of sports（Vol.1, pp.125-152）. Westport, CT: Praeger.

Rhoda, B., Wrigley, B., & Habermas, E. （2010）How to increase revenue as industry evolves. Sports Business Journal, 13（27）: 28.

齋藤れい（2016）公共スポーツ施設のマネジメント. 原田宗彦編, スポーツ産業論（第6版第1刷）. 杏林書院, pp.130-144.

Shapiro,S.L.,DeSchriver,T., & Rascher., D.A. （2012）Factors affecting the price of luxury suites in major north american sports facilities.

Journal of Sport Management, 26：249-257.

総務省自治行政局行政経営支援室編・出版（2012）公の施設の指定
　管理者制度の導入状況等に関する調査結果.

＜参考 URL＞

AT&T Stadium 公式ウェブサイト．http://attstadium.com/（参照
　日 2020 年 9 月 30 日）.

国土交通省関東地方整備局京浜河川事務所公式ウェブサイト.
　https://www.ktr.mlit.go.jp/keihin/keihin00119.html（参照日 2020
　年 9 月 30 日）

MetLife Stadium 公式ウェブサイト．http://www.ur-net.go.jp/（参照日
　2020 年 9 月 30 日）

スポーツ庁 Web 広報マガジン（2018）官民戦略プロジェクト，ス
　タジアム・アリーナ改革によってもたらされる効果とは？.
　https://sports.go.jp/special/policy/post-15.html（参照日 2020 年 9
　月 30 日）.

スポーツ庁公式ウェブサイト，平成 30 年度体育・スポーツ施設現
　況調査結果の概要.
　https://www.mext.go.jp/sports/b_menu/toukei/chousa04/shisetsu/k
　ekka/1368165.html（参照日 2020 年 9 月 30 日）.

スポーツ庁公式ウェブサイト，多様な世代が集う交流拠点としての
　スタジアム・アリーナ選定要綱.
　https://www.mext.go.jp/sports/b_menu/houdou/jsa_00031.html（参
　照日 2020 年 9 月 30 日）.

（齋藤　れい）

第 8 章
フィットネスクラブのマネジメント

---

1. セントラルスポーツの事例

（1） セントラルスポーツの成長プロセス

　セントラルスポーツは，1969 年，水泳選手（東京オリンピック
出場）だった後藤忠治社長を中心に体操選手 3 名と，「世界に通用
する水泳と体操選手の育成」を目的として設立された（『SMR』第
2 号）。

　1970 年代の日本は水泳ブームで，小学生の二人に一人はスイミ
ングスクールに通っていた。そこで，セントラルスポーツでは，創
業時は，専用プールを持たず，企業や学校のプールにインストラク
ターを派遣するという業態を採用した。1976 年には，千葉市に土
地を購入し「セントラルスイムクラブ千葉」を開設した。同クラブ
の主要な客層は小学生以下の子どもであった。1970 代には水泳ブ
ームのほかに，テニスブーム，ジョギングブームなど様々なスポー
ツブームが起きた。その中でも一番大きなブームは「エアロビクス
ブーム」であった。エアロビクスはカナダのケネス・クーパー博士
が開発し，日本で紹介されるとともに若い女性を中心に広まった有
酸素運動である。この流れに乗るべくセントラルでは，プールのほ
かにスタジオ，トレーニングジムを増設し，総合的なスポーツクラ
ブへと変身することを決定し，1983 年には，日本で初めて「フィ
ットネスクラブ」の名前を冠したウィルセントラルフィットネスク
ラブ新橋」を新設した。セントラルスポーツの新橋店の開設以降，
スポーツクラブ業界自体もプール中心からフィットネスクラブ中
心へとシフトしていった。これ以降，バブル景気に乗じ，年間 200

110

図表 8-1 セントラルスポーツ企業概要

設立年	1970 年
経営理念	0 歳から一生涯の健康づくりに貢献する
資本金	22 億円
売上高	533 億円（2020 年 3 月期）
当期純利益	21 億 3800 万円（2020 年 3 月期）
従業員数	1,144 名（2020 年 3 月期）
事業内容	・ スポーツクラブ（フィットネス・水泳・体操・テニス等のスポーツ施設）の運営・指導 ・ スポーツ施設の設計アドバイス及び管理・運営 ・ 企業フィットネスの推進 ・ マリーンレジャー企画・運営 ・ 介護予防事業 ・ 旅行業 ・ 野外活動（サマースクール・スキースクール等）の運営・指導 ・ 社会体育指導員の養成・資格認定及び派遣 ・ エステティック事業 ・ スポーツ機器・用品仕入 ・ 施設の営繕工事 ・ バス運行管理業務 ・ 警備業
本社	東京都中央区新川
店舗数	244（直営 179 店舗　受託 65 店舗　2020 年 3 月時点）

セントラルスポーツ株式会社ホームページ　会社情報，2020 年 3 月期決算説明会資料を参考に作成

店を超えるペースでフィットネスクラブがオープンしていった（『SMR』第 2 号）。

　ちなみに，フィットネスクラブとは，トレーニングジム・スタジオ・プールを備えた総合スポーツ施設のことを指す。新橋店の開設とほぼ同時期の 1982 年には，セントラルは指導内容というソフト

面での他社との「差別化」を目指し，セントラルスポーツ研究所を設立した。同研究所では，主に競技選手育成と有意義なトレーニングプログラムづくりが行われた。オリンピックなどの国際的な競技大会で，セントラル所属の選手が顕著な成績を収めることにより，セントラルスポーツのプログラムの質の高さを消費者にアピールしようという戦略である。1988 年には，セントラルスポーツ所属の鈴木大地がソウル五輪の 100m背泳ぎで金メダル獲得を獲得し，セントラルスポーツの名前は，広く知られることとなり，そのプログラムの質の高さも広く認められることとなったのである（『SMR』第 2 号）。

こうした喜びもつかの間，1991 年のバブル崩壊以降，入会者は減少し，既存の会員の多くが退会していき，多くの店舗が閉店へと追い込まれたのである。そこでセントラルでは，朝・昼・夜と時間帯の区分けをし，様々なコース，多様なプログラムを提供し，新規会員獲得への対策を練ったのである（『SMR』第 2 号；図表 8-2，8-3 参照）。

サラリーマンの会員であるならば，平日昼間の利用はしないので，ナイト＆ホリデー会員，平日は一日仕事のある会員には，ホリデー会員，午後から仕事のある会員にはモーニング会員，主婦にはデイタイム会員，プールのみを利用したい会員にはプール会員というように会員のライフスタイルや使用頻度に合わせた料金プランを提示することにより，入会率を高めたのである。すべての会員に一律でトップコース会員の料金設定をしたならば，入会率は低いままであったと考えられる。こうした会員の多様性とそのニーズに応じた価格設定やプログラム提供により，セントラルスポーツは経営の危機を脱したのである。

1999 年，カルチャー教室などを行うための多目的スペース「セントラルウェルネス志木」を開設し，その事業を，スポーツ以外のものにも拡張させた。2002 年には，東証二部上場し，2004 年には，東証一部に上場し，名実ともに大企業の仲間入りをした（『SMR』第 2 号）。

セントラルスポーツは，現在まで全国 250 近くの店舗を有するが，新店舗の開発のほか，既存店舗のリニューアル，メンテナンスも積

図表 8-2 セントラルスポーツのプログラム（抜粋）

水泳 （一部）
水泳入門，ワンポイントレッスン，クロール，平泳ぎ，バラフライ，背泳ぎ，初級水泳，中級水泳，上級水泳，初級クロール，初級平泳ぎ，初級バラフライ，初級背泳ぎ，中級クロール，中級平泳ぎ，中級バタフライ，中級背泳ぎ，スタート＆ターン，目指せマスターズ，マスターズ練習会，アクアウォーク，アクアビクス，アクアダンス
ダイビング （一部）
スキンダイビング，スキンダイビング入門，スノーケリング，スノーケリング入門，ダイビング練習会
エアロビクス・ステップ （一部）
フィット ZERO，シンプルエアロ，コンビネーションエアロ，オリジナルエアロ，シンプルエアロ Low，コンビネーションエアロ Low，コンビネーションエアロ Low＋筋トレ，シンプルステップ，コンビネーションステップ
トレーニング （一部）
BOOST core，エアーサイクルフィットネス，スリックタオル，スモールボール FUN，シェイプパンプ 40，50，スタイリッシュパンプ，ボディコアバランス，ピラティス，ファンクショナルピラティス，ファンクショナルトレーニング，お腹シェイプ
コンディショニング・リラクゼーション （一部）
マインドボディリセット～脳の休息，フレックスストレッチ，HOT マインドボディリセット，リンパフロー，抗重力ストレッチ，ストレッチ，健康体操，ビューティープロジェクト，バランスボール
ヨガ・太極拳・気功 （一部）
ワークアウトヨガ，ボディシェイプヨガ，フィールヨガ，ピラティスヨガ，ヨガ，パワーヨガ，健康太極拳，健美操，健康気功法
ダンス （一部）
ディスコダンスパラダイス，ラテンファン，ヒップホップ，ストリートダンス，ジャズダンス

セントラルスポーツホームページ　フィットネスプログラムを参考に作成

図表 8-3 セントラルフィットネスクラブ南青山料金一覧

コース名	月会費	利用時間
モーニング	5,785円(税込み6,363円)	火～金：9:00～12:00（祝日を除く）
ナイト	5,785円(税込6,363円)	火～金：19:00～22:30（祝日を除く）
プール	7,785円(税込8,563円)	火～金：9:00～24:00（祝日を除く）
イブニング	7,785円(税込8,563円)	火～金：18:00～22:00（祝日を除く）
スーパーナイト	7,785円(税込8,563円)	火～金：19:00～24:00（祝日を除く）
スチューデント	7,785円(税込8,563円)	全営業時間（中学生は平日21:00まで）
デイタイム	7,785円(税込8,563円)	火～金：9:00～17:00（祝日を除く）
ホリデー	8,785円(税込9,663円)	土 10:00～21:00 日・祝 10:00～19:00
ナイト&ホリデー	9,785円((税込10,763円)	火～金：19:00～24:00 土：10:00～21:00 日・祝：10:00～19:00
シングルB	10,785円(税込11,863円)	火～金：9:00～21:00 土：10:00～21:00 日・祝：10:00～19:00
シングルA	13,785円(税込15,163円)	全営業時間
トップコース	16,285円(税込17,913円)	全営業時間(用賀店、天王洲店、自由が丘店は無料)

セントラルスポーツホームページ　セントラルフィットネスクラブ南青山料金プランを参考に筆者作成

極的に行い，新規会員の獲得・離反会員の再入会に繋げている。セントラルスポーツでは改修の際は，市場性（どの部分をリニューアルすれば会員の獲得や既存会員の満足に繋がるか）を判断した上で，改修箇所を決定している（『SMR』第2号）。

（2）さらなる成長を目指して

　こうして大企業へと成長したセントラルスポーツであるが，さらなる成長と顧客満足を目指し，多様な経営活動を展開している。水野（2010）は，セントラルスポーツの経営展開として「地域特性を踏まえたプログラム展開（地域密着経営の推進）」，「時間帯ごとのプログラム提供」，「ANCS」，「ウェルネス事業への展開」の4つを挙げている。

　まず地域特性を踏まえたプログラム展開であるが，これは各店舗

114

が地域特性に応じたサービスの展開を行うことである。具体的には、セントラルでは各店舗の1キロ圏内に住む人口の男女比、平均年齢を割り出し、その店舗の顧客特性を特定し、その店舗に合ったプログラムを提供している。その判断は各店舗の店長が行っている（水野，2010）。

　二点目の時間帯ごとのプログラム提供であるが、セントラルスポーツでは、「時間帯」によってもプログラムを分けている。例えば、午前中からお昼は、中高年齢層の顧客が多いので、太極拳やストレッチなど軽めのプログラム、お昼過ぎは主婦層の顧客が多いので、ヨガやエアロビクスなどの中級程度のプログラム、16〜18時は若い年齢層が増えるので、上級エアロビクスや格闘技系のプログラムなどを用意し、時間帯で変化する顧客特性を捉え、彼らのニーズにあったプログラムを提供している。ちなみにこれらのプログラムは、顧客の声を聞きながら、更新を行っている（水野，2010）。

　三点目のANCSとは、「エアロビック・ネットワーク・オブ・セントラル」の略称であり、セントラルスポーツ固有の指導者資格のことである。セントラルスポーツでは、ANCSを有しているインストラクターでないと、プログラムを担当させていない。1,500名のANCSを有するインストラクターがセントラルでプログラムを担当している。ANCSという資格制度は、セントラルスポーツが提供する指導というサービスの「質」の確保を実現していると言える（水野，2010）。

　最後四点目のウェルネス事業への展開であるが、「ウェルネス」とは、肉体のみではない精神的な健康を含めた広範な健康を意味する。セントラルスポーツでは、マッサージや温浴施設などを自社の施設内に設けていた。それは、会員の「体」だけでなく「心」の健康の実現を可能としていたと考えられる。ちなみにセントラルのウェルネスの利用者数、平均利用率と回数は、他社のウェルネス施設よりも高いという（水野，2010）。

2. フィットネスクラブのマネジメント

（1） サーバクション・フレームワーク

　本節では，サービスマネジメントの視点からフィットネスクラブのマネジメントについて考えていきたい。

　サービスの提供においては，サービスの提供者と顧客が直接に接点を持つ中，その場その時で価値が生み出されていく。顧客とサービスの提供者が出会う場所は「サービスエンカウンター」と呼ばれ，このサービスエンカウンターをいかにマネジメントするかがサービスマネジメントにおいて重要となる（高室，2010）。

　サービス・プロダクション・システムを省略した用語である「サーバクション・フレームワーク」においては，顧客が享受するサービスは設備，施設等の物的な環境，顧客と接点を持つ従業員，他の顧客によって構成されるとする考え方である。物的な環境や顧客と接点を持つ従業員はそれ自体が独立して存在しておらず，目に見えない組織やシステムに影響を受けている（高室，2010）。

　サーバクション・フレームワークを踏まえるならば，フィットネスクラブ経営には以下の要素が重要となるということになる。

① ハード

　まずは，「いれもの」である建物を建設したり，施設を揃える必要がある。つまり「ハード」の確保である。

A. 用地の確保

　まずは，どの地域・どの場所でクラブを経営するかを考えなければならない。立地の決定は，人口，立地，潜在的な顧客数，競合他社・代替施設（体育館などの公共スポーツ施設など）などの観点から判断する必要がある。

B. 施設の建設

　マシンルームなどは，男性だけでなく，女性会員のニーズにも対応した機材をそろえる必要がある。フィットネスクラブの顧客は男性だけでなく，女性や高齢者など多様な年齢層が想定されうるため

図表 8-4　サーバクション・フレームワーク

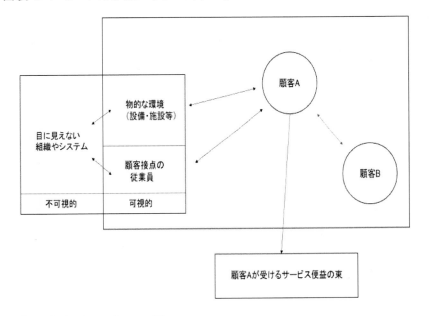

出典：高室（2010），12 頁

である。スタジオにおいては，集団で会員を指導するため，様々な
目的に対応すべきプログラムを準備し，参加者の年齢や性別，職業
などを考慮したうえで，プログラムの開始時間を決定する必要があ
る。スイミングプールは，陸上運動にはない水の特性（浮力・抵抗）
を利用するため，膝・腰などの関節に障害のある会員や，運動する
ことにより，障害を誘発するおそれのある高齢の会員にとっては必
要となる。リラクゼーション施設，スパ施設などのウェルネス施設
は，セントラルスポーツの事例に見られるように，会員の心を癒し，
彼らを精神的な面から健康へ導く上でも必要になるかもしれない。

②　ソフト（提供サービス）

　ソフトとは，ハード（いれもの）の中で，企業が提供する製品と
その内容（コンテンツ）のことである。フィットネスクラブのソフ
トは，運動のプログラムや指導である。こうしたプログラムは，会

員の入会目的，目標，個人特性（年齢，性別，体力など）に合わせ作成する必要がある。すなわち，会員個人個人のニーズや特性に応じた対応が必要になるのである。その他，会員の入会，継続のためのサービスの維持や向上，顧客である会員と日常的に接するとともに，教育や研修によるサービスの提供者であるインストラクターの接客技能や専門技能の向上が必要になる。

③ 他の顧客との関わり

サーバクション・フレームワークにおいて他の顧客が顧客のサービスの知覚に影響を及ぼすのならば，顧客同士の対話可能な場の構築・維持もまた重要になってくる。教室・スクールは会員同士の人間関係を構築し，フィットネスクラブ自体のロイヤリティを向上させるうえで重要な役割を果たすことになるであろう。ただし，フィットネスクラブの利用者は多様な目的を持ち，参加しているので個人個人のニーズへの配慮が必要となろう。

(2) 3つのマーケティング

企業が関わるマーケティングには3つの活動が存在している。

一つめのマーケティングは，企業—顧客間で行われる「エクスターナル・マーケティング」である。これはプログラムの決定や価格の決定，プロモーションなど企業としてのフィットネスクラブから消費者，顧客への働きかけである。

二つめのマーケティングは，従業員と顧客との関わりである「インタラクティブ・マーケティング」である。先述のように，顧客とのサービスカウンターを担う従業員が顧客のサービスの品質の知覚に与える影響は極めて大きい。そのためにも従業員の接遇・指導能力の担保が重要となり，教育・研修が重要となるのである。セントラルスポーツが ANCS を導入しているのも，インタラクティブ・マーケティングが顧客のサービスの品質の知覚に大きな影響を与えることを認識しているためであろう。

最後，三つめのマーケティングは，企業と従業員との関わりである「インターナル・マーケティング」である。これは企業による従業員のマネジメント，具体的には教育・研修や人事管理などが挙げ

図表 8-5　3 つのマーケティング

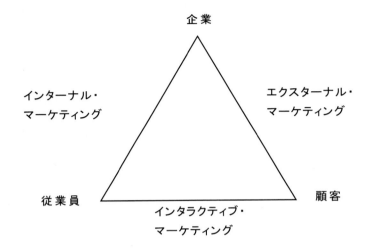

出典：コトラー他（2003），邦訳 32 頁

　られよう。顧客が知覚するサービスを向上させるためにも，従業員の仕事へのモチベーションを向上させることが求められる。従業員の仕事へのモチベーションを向上させるうえで一番有効な施策は昇給や昇進であろう。しかしながら企業における資金やポストは有限であり，すべての従業員を昇進させたり，昇給させることは難しい。その意味では，昇給や昇進など目に見える形で第三者が誘因を与える外発的動機付けでは限界があり，従業員が自分でやる気になるように仕向けていくこと，すなわち従業員自身の心を充たしていく内発的動機付けが求められるのである。具体的には，すべてを上司が指示して業務をやらせるのではなく，自分で考えて仕事をさせる余地を与えたり，自分で立てた目標を達成できるように仕事をやらせ，上司がそれをサポートするというように，仕事自体に楽しさややりがいを見出せる仕組みを業務の中に構築していくことなどが有効となろう。
　　以上のように，フィットネスクラブにおいて顧客のサービスの品質の知覚を高めていくためには，3 つのマーケティングから自社の

活動について見つめていくことが重要となろう。

3. おわりに

　以上，本章ではフィットネスクラブのマーケティングについて検討をしてきた。フィットネスクラブ市場は，2006 年以降は，大きな伸びを見せず，市場は停滞していたが，2012 年以降，再び成長の兆しを見せている。もちろん，各社の経営努力の成果もあろうが，「メタボリックシンドローム」という用語の一般浸透による中高年の健康への意識の高まり，ランニングブームなどなどが，特に中高年の人々を運動，特にフィットネスクラブへ向かわせた要因となっていることは想像に難くない。

図表 8-6　フィットネスクラブの市場推移

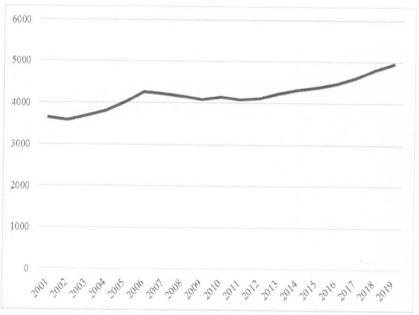

公益財団法人日本生産性本部（2020），128-129 頁を参考に筆者作成

フィットネスクラブがこうしたチャンスを活かし，持続的な成長を遂げていくためには，自社の「パイ」（既存店舗）を確実に守り，そこにいる会員をつなぎとめながら，新たな会員を獲得する必要がある。現行の会員の満足度を高めながらも，潜在的な会員にとっての魅力を高めていく必要があるということである。そのためには，会員のサービスの品質の知覚を高めるための努力と，新たな顧客を呼び込むための努力が並行して求められよう。

＜課題＞
関心のあるスポーツ企業・スポーツ組織をサーバクション・フレームワークと 3 つのマーケティングの視点から分析し，その経営における改善提案をしなさい。

＜参考文献＞

公益財団法人日本生産性本部編・発行（2020）レジャー白書 2020.
コトラー他：白井義夫監訳，平林祥訳（2003）コトラーのホスピタリティ＆ツーリズム・マーケティング（第 3 版. ピアソン桐原.
　＜Kottler, P., Bowen, J. R. & Makens, J. C.（1996）Marketing for hospitality and tourism, 3rd Edition. Prentice Hall.＞
水野由香里（2010）平準化による価値創造. 伊藤宗彦・高室裕史編著，1 からのサービス経営. 碩学舎，pp.223-241.
高室裕史（2010）サービス経営のマネジメント. 伊藤宗彦・高室裕史編著，1 からのサービス経営. 碩学舎，pp.3-19.

＜参考資料＞
SMR，2.

＜参考 URL＞
セントラルスポーツ株式会社ホームページ.
　https://www.central.co.jp/（参照日 2020 年 12 月 25 日）

（大野　貴司）

第 9 章
スポーツ・ガバナンス

1. なぜスポーツ・ガバナンスを学ぶのか

　本章では，「スポーツ・ガバナンス」について学習する。

　本格的な学習に入る前に，筆者が執筆する章（第 9 章，第 10 章，第 11 章）の内容をより深く理解するために，筆者のスポーツビジネス論の前提となっている考えを明らかにしておきたい。

　スポーツビジネス論とは，あくまでも，経営学の研究対象の拡大によって，スポーツに関わる団体や組織がその研究対象に加わったのだというのが筆者の考え方である。すなわち，スポーツビジネス論の前提にあるのは，これまで経営学が主たる研究対象としてきた企業の研究であり，企業の理論である。この意味において，少なくとも現時点では，あくまでもスポーツビジネス「論」なのであり，スポーツビジネス「学」ではないと考えている。

　つまり，ここで学ぶ「スポーツ・ガバナンス」は，これまで経営学が扱ってきた「コーポレート・ガバナンス」の研究や理論を前提として成り立つものなのである。

　では，なぜスポーツにガバナンスが求められているのであろうか。実は，これも企業にガバナンスが求められる背景と一致する。企業のガバナンスであるコーポレート・ガバナンスの議論の発端は，企業が相次いで不祥事を引き起こしたことにある。そして，その後，企業の競争力の低下も問題となった。そして，今日，スポーツにおいても，企業と同じように再びさまざまな不祥事が明るみとなり問題になっている。同時に，競争力の向上も課題にあげられている。

　このように，コーポレート・ガバナンスは，企業不祥事への対処と企業競争力の促進を目的にして盛んな議論が続けられている。こ

れは，日本以外の先進諸国においても同様であり，各国で日々議論が積み重ねられているのである。このため，コーポレート・ガバナンスの議論は，21世紀の企業経営に関する中核的な役割を担っているといえる。つまり，スポーツ・ガバナンスもまた，21世紀のスポーツビジネスに関する中核的な役割を担っていくことになるだろう。

2. わが国におけるコーポレート・ガバナンスの議論

わが国におけるコーポレート・ガバナンスの議論は，1990年代の企業不祥事続発が契機となり，企業不祥事の発生を抑制する機能の観点から行われるようになった。その後，日本経済の長期にわたる不況，そして，グローバル化や規制緩和の流れの中で，企業競争力を促進する機能の観点からの議論が行われた。そして，近年の企業不祥事続発を受け，再び，企業不祥事の発生を抑制する機能の観点からの議論が活発になっている。

このような流れで行われてきたコーポレート・ガバナンスに関する議論は，昨今の状況を見る限り，一時のブームで終わることなく，完全に市民権を得たと言ってよい。それどころか，21世紀の企業経営に関する中核的な役割を担っているということができよう。このことは，企業不祥事が発生した場合や，企業競争力の促進をはかろうとする場合に，必ずコーポレート・ガバナンスの問題が語られることを見ても明らかであろう。

このように，コーポレート・ガバナンスの必要性が各方面で語られるのは決して悪いことではない。しかしながら，その拡大は，コーポレート・ガバナンスに万能的な効果を期待しており，コーポレート・ガバナンスの概念に収斂をもたらすどころか，むしろその逆の現象となっている。いうならば，いつの間にか，コーポレート・ガバナンスの議論は極めて複雑な状況に置かれてしまった。そのため，一部の研究者やマス・メディアなどでは，コーポレート・ガバナンスに対して，その有効性を問う意見も散見されるようになってきた。

しかしながら，このような事態は当然の結果であるといえよう。コーポレート・ガバナンス問題の研究は，経営学のみならず，経営情報学，経済学，労働経済学，法学，会計学，金融論，財務論，証券論など多くの学問分野において進められてきたのである。

3. コーポレート・ガバナンス論の焦点

次いで，コーポレート・ガバナンス問題の研究は何を目的として行われているのか，また，議論の所在がどこにあるのかについて学んでみよう。これにより，コーポレート・ガバナンス研究の議論の進むべき道の提示ができよう。

小島大徳（2004）は，コーポレート・ガバナンスとは「所有と経営が分離している企業において，経営者が，企業不祥事への対処（コンプライアンス経営）と企業競争力の強化とを目的としながら，企業に関わる利害関係者の利害調整を同時に達成しようとする企業構造」であるとしている。

また，平田光弘（2000）は，「コーポレート・ガバナンス問題は，第一に，企業不祥事への対処をめぐって議論が行われており，第二に，企業競争力の強化をめぐって議論されている」としている。

これらをみてもわかるとおり，コーポレート・ガバナンス問題研究には，企業不祥事の発生を抑制する機能の構築と，企業競争力を促進する機能の構築という2つの目的があることが理解できる。

この2つの目的に対する議論の方向性として，平田光弘（2000）は，「企業不祥事の発生を抑制する機能の構築という問題には，経営者に対する監視・牽制の仕組みはどうあるべきかが問われている。換言すれば，違法経営の遵法（適法）経営化が模索されている」とする。ここから，企業不祥事の発生を抑制する機能を確立するには，コンプライアンス経営が不可欠であり，コンプライアンス経営の定着を求めるコーポレート・ガバナンスの構築が課題となっていると理解できる。

よって，この目的を達成するためのコーポレート・ガバナンス研究には，コンプライアンスに関する議論が欠かせず，さらには企業倫理論の視点を併せ持った研究を行わなければならない。また，企

業不祥事を起こした企業は，社会から，その根本的な経営感覚を問われることになる。そのため，企業の社会的責任論に関する議論も含め，重層的に研究が行われることが望まれる。

　もう一方の企業競争力を促進する機能の構築という問題については，「いかなる経営意思決定の仕組みと，いかなる経営者に対する監視・牽制の仕組みとが望ましいかが論じられている。そこでは，非効率経営の効率経営化が模索されている（平田光弘，2000）」とされる。すなわち，ここでは，コーポレート・ガバナンスを構築することで，経営責任を明確にするとともに，企業のマネジメントや意思決定に関する問題を改善し，企業の経済性や効率性を向上させることが求められているのである。

　また，これらから，コーポレート・ガバナンス論の研究には，「企業不祥事の発生を抑制し，企業競争力を促進するためには，いかに健全で効率的な運営をしていけばよいか。そして，そのためには，誰が，誰のために，経営者の舵取りを監視・監督するか」という問題の解明が求められているということができる。つまり，これこそがコーポレート・ガバナンス問題を議論する際の本質的問題であり，コーポレート・ガバナンスが，「企業は誰のものか」のみの問題だけではなく，これをより広く考え，「企業をいかに，そして，誰のために運営していくか」という問題であることを示している。

　そのため，この問題の解明を目的として，コーポレート・ガバナンスの議論を進めていくことこそが，真の意味でのコーポレート・ガバナンスを構築するということなのである。

　そして，ここで明らかになった「企業をいかに，そして，誰のために運営していくか」という問題がコーポレート・ガバナンス問題であるという視点が経営学的コーポレート・ガバナンスの特徴を生み出していく理由のひとつとなる。

4. これまでのスポーツ・ガバナンスの議論

　これまでスポーツ・ガバナンスの議論が行われてこなかったわけではない。わが国におけるスポーツ・ガバナンスの議論は，体育学・スポーツ科学の研究者が中心となって進められてきたのである。

しかしながら，これらの研究成果を見てみると，そもそもスポーツ・ガバナンスとはどのようなものであるのかについては丁寧な議論が行われているとはいい難い。

　このような状況下ではあるが，スポーツ団体・組織にスポーツ・ガバナンスが求められる根拠は比較的頻繁に記述されている。それとは，スポーツ基本法に定められた，スポーツ団体・組織の努力義務（5条2項・3項）である。これは，「スポーツ団体は，スポーツの振興のための事業を適正に行うため，その運営の透明性の確保を図るとともに，その事業活動に関し自らが遵守すべき基準を作成するよう努めるものとする（5条2項）」とするものと，「スポーツ団体は，スポーツに関する紛争について，迅速かつ適正な解決に努めるものとする（5条3項）」とするものである。

　この根拠が原因であるのかは定かではないが，筆者は，体育学・スポーツ科学等で議論されるスポーツ・ガバナンスの多くは，経営学のいうところのコンプライアンスの議論であるような印象を受けている。

　これについて，上田滋夢・山下秋二（2014）においては，「我が国においては，日本相撲協会の八百長事件，全日本柔道連盟の暴力事件等のコンプライアンス問題を発端とし，『法令遵守』の観点から『ガバナンス』が注目されるようになった」と記されているのである。これは，体育学・スポーツ科学等におけるスポーツ・ガバナンスの議論がコンプライアンスの問題に矮小化されていることを記していると解釈できるのではないだろうか。

　さらに加えて言及すれば，スポーツ・ガバナンスはスポーツ団体・組織が抱える全ての問題の解決策を示してくれる万能薬のようなものであると認識されているようにも見受けられる。

5.　本章のまとめとスポーツ・ガバナンスの意味

　先にも記したように，コーポレート・ガバナンスの議論が21世紀の企業経営に関する中核的な役割を担っているように，スポーツ・ガバナンスもまた，21世紀のスポーツビジネスに関する中核的な役割を担っていくであろう。

ただし，スポーツ・ガバナンスが 21 世紀のスポーツビジネスに関する中核的な役割を果たしていくためには，その意味を的確に捉えておく必要がある。

　つまり，スポーツ・ガバナンスの目的のひとつである不祥事の発生を抑制する機能を確立するには，コンプライアンス経営が不可欠であり，コンプライアンス経営の定着を求めるスポーツ・ガバナンスの構築が課題となっていることをしっかりと理解する必要がある。

　しかし，これはスポーツ・ガバナンスの議論をコンプライアンスの問題に矮小化させようという意味ではない。スポーツ・ガバナンスの議論では，コーポレート・ガバナンスの議論と同じように，コンプライアンスの視点を持つと同時に，スポーツに関わる団体や組織における企業倫理論の視点を併せ持った議論をしなければならないことを意味する。さらには，不祥事を起こしたスポーツ団体・組織は，社会から，その根本的な経営感覚を問われることになる。そのため，スポーツ団体・組織の社会的責任論に関する議論も含め，重層的に学ばなければならないのである。

　また，スポーツ・ガバナンスのもうひとつの目的である，競争力を促進する機能の構築という問題については，スポーツ・ガバナンスを構築することで，経営責任を明確にするとともに，自らの団体・組織のマネジメントや意思決定に関する問題を改善し，経済性や効率性を向上させる必要がある。

　つまり，これらからいえることは，スポーツ・ガバナンス単独ではその役割を十分に果たすことは難しく，隣接する学問分野を丁寧に学び，経営実践にいかしていくことでその有効性が真に発揮されるということなのである。

＜課題＞

　スポーツ・ガバナンスを学ぶうえで最も重要な視点は何か。本章の内容から考えてみよう。

＜参考文献＞

青木　崇（2016）価値創造経営のコーポレート・ガバナンス．税務経

理協会.

明山健師 (2013) EU におけるコーポレート・ガバナンス. 税務経理協会.

上田滋夢, 山下秋二 (2014) スポーツ競技統括団体の経営における
ガバナンスの始原的問題 - UEFA のガバナンスからの考察 - .
体育・スポーツ経営学研究, 27：35-53.

大野貴司編 (2020) 現代スポーツのマネジメント論 - 「経営学」と
してのスポーツマネジメント序説 - . 三恵社.

飫富順久, 辛島 睦, 小林和子, 柴垣和夫, 出見世信之, 平田光弘
編 (2006) コーポレート・ガバナンスと CSR. 中央経済社.

菊澤研宗 (2004) 比較コーポレート・ガバナンス論 - 組織の経済学
アプローチ - . 有斐閣.

菊池敏夫, 平田光弘編 (2000) 企業統治の国際比較. 文眞堂.

菊池敏夫 (2007) 現代企業論 - 責任と統治 - . 中央経済社.

菊池敏夫, 平田光弘, 厚東偉介編 (2008) 企業の責任・統治・再生
- 国際比較の視点 - . 文眞堂.

菊池敏夫, 太田三郎, 金山 権, 関岡保二編 (2012) 企業統治と経
営行動. 文眞堂.

菊池敏夫, 金山 権, 新川 本編 (2014) 企業統治論 - 東アジアを中
心に - . 税務経理協会.

小島大徳 (2004) 世界のコーポレート・ガバナンス原則 - 原則の体
系化と企業の実践 - . 文眞堂.

佐久間信夫 (2007) コーポレート・ガバナンスの国際比較. 税務経
理協会.

平田光弘 (2000) 1990 年代の日本における企業統治改革の基盤作
りと提言. 経営論集, 51：81-106.

平田光弘 (2008) 経営者自己統治論 - 社会に信頼される企業の形成
- . 中央経済社.

平田光弘 (2010) 21 世紀の日本企業はどの道を歩むべきか - 社会
に信頼される企業の形成 - . 経営哲学, 7 (1)：6-23.

平田光弘 (2011) 経営の"学"を考える. 経営哲学, 8 (1)：6-16.

平田光弘 (2016a) 望ましい現代経営者とその経営理念. 経営教育研
究, 19 (2)：33-44.

平田光弘 (2016b) 社会責任経営と経営者行動. 経営行動研究年報,
25 (1)：5-9.

（老平　崇了）

1. スポーツと企業の社会的責任と倫理

　本章では,「スポーツの社会的責任」および「スポーツの倫理」について「企業の社会的責任」および「企業倫理」の理論を援用する形で学んでいく。

　そもそも,企業の社会的責任や企業倫理は,企業と社会の関係からその必要性が問われるようになった。

　現代社会は企業社会であると表現されるように,財やサービスの提供や雇用を含め,今日の社会におけるあらゆる機能が企業を通して行われる。このような状況下では,当然,企業が社会に与える影響は大きく,企業がどのような行動をとるかが地域社会や地球社会に大きな影響を与えることになる。他方で,企業は社会に影響を与えるだけではなく,社会の中で,社会とともに存在している。つまり,企業が自らの経営行動をとる際には,社会の発展への貢献も常に意識をしないといけないのである。

　そして,これらが企業の社会的責任や企業倫理が強く問われるようになった背景である。スポーツの社会的責任やスポーツの倫理もまた,同様の背景を有しよう。

2. 企業の社会的責任とはなにか

(1) 企業の社会的責任の捉え方

　企業の社会的責任は,一般には CSR と表されることが多い。よって,ここでは,企業の社会的責任も CSR も同じ意味として扱っていく。この CSR という言葉は,アメリカでは 1990 年代には広く

普及していた。わが国では 2003 年が「CSR 元年」であるといわれている。

　さて，この企業の社会的責任という言葉が意味する問題領域は非常に広く，さまざまな用い方がされている。おおかた，企業の社会的責任は企業と社会との関係を広く扱う概念として捉えておくのが妥当なのかもしれない。あまりに抽象的な表現に戸惑うかもしれないが，事実として，企業の社会的責任の概念自体が明確ではないのである。

　例えば，企業の健全性を経営者や企業それ自体と関係させながら考えるという観点で用いられる企業の社会的責任はコーポレート・ガバナンスと関連するとされる。同じように，企業の健全性を企業における倫理的土壌の形成という観点で用いられる企業の社会的責任は企業倫理と関連するとされる。また，地球全体の視点から企業が環境問題に関わることが必要であるという観点で用いられる企業の社会的責任は環境経営と関連するとされる。このように企業の社会的責任の議論は隣接する学問領域の議論と関係を持ちながら行われてきたのである。

（2）　企業の社会的責任の背景と歴史

　企業の社会的責任をめぐる議論は古くから行われてきた。ここでは，わが国に限ってその流れをみてみよう。

　1960-70 年代には，製造業による公害問題をきっかけに企業の社会的責任が議論された。ここでは，企業は公害問題への対処を社会から厳しく迫られたのである。

　また，1980 年代後半のバブル経済期には，企業によるメセナ活動（文化・学術支援活動）やフィランソロピー（慈善活動・寄付行為）が企業の社会的責任として扱われた。その背景にあったのは，企業に資金的に余裕があり，それを原資にして積極的に社会貢献活動に取り組むようになったことであった。

　しかし，バブル経済が崩壊した 1990 年代になると企業業績に低迷によって企業の社会的責任への関心が後退していくことになった。企業に，企業の社会的責任の費用を負担する余裕がなくなったためである。

このように，ここまでの企業の社会的責任は，企業が社会への利益還元を通して社会貢献をすることや，社会と向き合うことによるコストや代償といった意味合いであるということができよう。

　しかし，近年では企業の社会的責任活動自体が企業価値の向上をもたらすという考え方が普及してきている。これによって，本業と連動した企業の社会的責任活動が模索されている。

3.　企業倫理とはなにか

(1)　なぜ企業倫理なのか

　わが国では，とりわけ 2000 年代後半から，法令違反を理由とした企業の倒産が相次いでいる。当初は，法令に違反するというコンプライアンスの観点が重視されたが，その意味合いは徐々に拡大し，コンプライアンスのみならず倫理に関しても社会からの目が厳しくなり，企業倫理が強く問われるようになっている。

　以前は，コンプライアンスを含めた企業倫理遵守を実践するためには，経営者や企業それ自体を重視することが多かった。そこでは，経営者の姿勢であるとか企業行動憲章の制定によって倫理問題を解決できるとされていたのである。

(2)　各国の企業倫理

　アメリカでは，1970 年代に企業倫理への関心が高まった。そのきっかけとなったのは，1972 年から 1974 年にかけてのウォーターゲート事件で明らかになった企業の不正献金や，1973 年の石油危機の際の企業による暴利追求行為，1975 年頃から続発した多国籍企業の賄賂・不正政治献金等であったとされている（中村瑞穂,1998年）。

　その後，1980 年代にはカナダやイギリスをはじめとするヨーロッパの国々においても企業倫理への関心が高まっていった。

　同じ頃，アメリカでは，相次ぐ企業不祥事に対して，産業界が大学に企業倫理教育の実施を要求した。

　わが国においては，企業不祥事が発生するたびに企業倫理の確立が叫ばれてきた。そこでは，企業倫理を確立する第一歩として企業

行動規範の必要性が唱えられてきたのである。

　この企業行動規範は，企業倫理行為綱領，企業行動憲章，企業行動基準，コンプライアンス・マニュアル等とさまざまな名称で呼ばれ，宣言的機能と行動指針機能を有する。

　宣言的機能は，社内や社外に対して企業のコンプライアンスに関する姿勢や考え方を宣言する機能であり，行動指針機能は，社員に対して法令に違反しないよう行動の指針（何をしなければならず，何をしてはいけないか）を示すとともに，守るべき倫理的事項を示す機能である。

4. スポーツの社会的責任と倫理

（1）スポーツの社会的責任論と倫理論の方向性

　スポーツの社会的責任の言葉が意味すると想定される問題領域は，企業の社会的責任のそれと同じく，非常に広く，さまざまな用い方がされていくであろう。ここでも，スポーツの社会的責任はスポーツ団体やスポーツ組織と社会との関係を広く扱う概念として捉えておくことが妥当なものとなろう。

　スポーツの倫理においても，企業倫理と同様に，経営実践からその必要性が問われ，その制度化を試みていくことになろう。

　それでは，スポーツの社会的責任と倫理は何を基盤にして考えていけばよいのであろうか。その答えとして，ここまでで明らかになったことのうち最も重要なことのひとつを整理したい。それとは，企業の社会的責任も企業倫理も社会との関係に大きく関わりがあるということである。このことを前提にしてスポーツの社会的責任と倫理について考えてみよう。

　社会は，消費者，市場，地域，その他一般社会等によって構成される。この前提に立つならば，スポーツ団体やスポーツ組織は，企業や官庁，自治体，地域団体，経済団体，消費者集団，宗教団体，学校，非営利団体等と同様に社会の構成メンバーのひとつであり，社会の一部をなしているということができる。社会の一部としての各組織体は，社会からそれぞれの役割を付託され，これを各組織体が受託することでそれぞれの役割を果たしている。このように社会

と社会の一部とは互いに付託と受託という関係で結ばれているということになり，この関係性こそがスポーツの社会的責任と倫理を考える基盤となるであろう。

（2） スポーツの社会的責任論の学問的動向

　わが国のスポーツの社会的責任論の分野で先鞭をつけたのは，筆者の知る限りでは，早稲田大学スポーツビジネス研究所が 2016 年4 月に発足させたスポーツ CSR 研究会であろう。その発足当初の HP をみると，「『スポーツ CSR 研究会』のご案内」，「設立の背景と目的について」，「活動について」が書かれている。ここでは，設立当初に記されていた内容を以下に引用する。

『スポーツ CSR 研究会』のご案内
早稲田大学スポーツビジネス研究所は，スポーツが社会に果たす責任と役割を考え，持続可能なスポーツ社会（Sustainable Sport Society）の構築を目指す「スポーツ CSR 研究会」（Society for the Studies of Social Responsibility of Sport）を 2016 年 4 月より発足させ，その活動を開始いたします。

【設立の背景と目的について】
スポーツビジネスが巨大な産業となり，人々への影響力を増す中で，スポーツが社会に果たす責任と役割に注目が集まっています。また，スポーツを通じた健康づくりや生きがいづくり，地域づくりなど，社会のスポーツに対する期待も一層高まっており，スポーツ界はそれに応えていく必要があります。
しかしながら，国内外のスポーツ産業における不祥事は後を絶たず，また，スポーツ界が行っているさまざまな社会的活動についても，その取り組みや考え方をステイクホルダー（利害関係者）に十分に理解していただいていると言えません。
スポーツは社会に認められて初めて存在しうるものであり，スポーツ界の健全な発展なくしては存在しえません。そこで当研究会では，日本初の試みとして，スポーツの社会的責任の観点から持続可能なスポーツ社会の構築に向けた取り組みを推進してまいります。

【活動について】

本研究会では,「企業の社会的責任」(Corporate Social Responsibility－CSR)の考え方を取り入れ,スポーツ界の不正や腐敗を防止し,国民から支持される持続可能なスポーツ社会の実現に向けて,スポーツ思想・スポーツ政策・スポーツマネジメントなどを多角的な視点から理論的・実践的に研究し,その成果を発信してまいります。また,研究会活動を通じて,スポーツ界を取り巻くさまざまな研究者や組織の人たちが相互に理解・交流を深めることができるように,関連学会・機関などの諸団体とも連携してまいります。

　これらからスポーツ団体やスポーツ組織における社会的責任の概念を読み解いてみると,スポーツ団体やスポーツ組織の社会的責任(スポーツ CSR 研究会のいうところのスポーツ CSR)は,「スポーツが社会に果たす責任と役割を考え,持続可能なスポーツ社会(Sustainable Sport Society)の構築を目指す」ために必要であると考えられる。また,「国内外のスポーツ産業における不祥事は後を絶たず,また,スポーツ界が行っているさまざまな社会的活動についても,その取り組みや考え方をステイクホルダー(利害関係者)に十分に理解していただいていると言えません」や,「スポーツの社会的責任の観点から持続可能なスポーツ社会の構築に向けた取り組みを推進」,そして,「スポーツ界の不正や腐敗を防止し,国民から支持される持続可能なスポーツ社会の実現」という文言から,不祥事発生の抑止・抑制,スポーツ団体やスポーツ組織の社会的活動の周知,持続可能なスポーツ社会の構築といったものがキーワードとして読みとれる。

　ここまでで学んだように,スポーツ団体やスポーツ組織における社会的責任の基礎となる企業の社会的責任とは,企業が社会の中で存在することの意義を問うものである。その意味において,先にあげた目的を達成するために企業の社会的責任の概念を援用しようという試みは今後の進展が期待されよう。

（3）　経営実践におけるスポーツの社会的責任の動向

　それでは，経営実践におけるスポーツの社会的責任の動向はどう
なっているのであろうか。男子プロバスケットボールリーグ
「B.LEAGUE」では，2017 年初頭に日本初の SSR（スポーツの社会
的責任）イニシアチブとして，「B.LEAGUE Hope」を発表した。以
下にはその内容を引用する。

活動背景
B.LEAGUE Hope -未来へのパスをつなごう！

スポーツは常に時代時代の社会や地域との交流を基盤として繁栄
してきました。
B.LEAGUE が誕生し，成長していく時代はグローバリゼーションや
デジタライゼーションなど更なる進化の一方で，格差拡大やユニバ
ーサル社会への適応など，深刻化する社会課題の克服という 2 面性
が持続可能な発展のためにも求められる時代です。
B.LEAGUE はまだ小さな組織ではありますが，「スポーツの力」に
対する社会・地域からの期待に答え続けるためにも「スポーツエン
ターテイメントの革新」のみならず，「*Social Innovation* の実現」を
目指し，ステークホルダーとともにさまざまな社会的責任活動を
「*B.LEAGUE Hope*」と称し，推進していきます。

活動領域
Off-Court 3Point Challenge
これまでも *B.LEAGUE* に所属するクラブや選手は各々で社会的責
任活動を行なってきました。「B.LEAGUE Hope」はこれまでの活動
をさらに広げ，日本全国で取り組まれるナショナルな活動にしてい
くこと，将来的にはグローバルなベストプラクティスとなること，
を目標としています。具体的には，持続可能な開発目標である「SDG
s」に向き合い，クラブや選手が行う活動の積極的な情報発信や，
リーグによるプログラムの開発・実施などを「*Planet*」「*Peace*」
「*People*」の 3 つの領域で「*Off-Court 3point challenge*」活動として
進めていきます。

活動体制

B.HOPE mate

B.LEAGUE Hope はクラブ，選手のみならず，様々なパートナー企業，自治体，ファンを含めた「B.HOPE mate」と活動を行なっていきます。

　ここで特筆すべきは，「B.LEAGUE はまだ小さな組織ではありますが，『スポーツの力』に対する社会・地域からの期待に答え続けるためにも『スポーツエンターテイメントの革新』のみならず，『Social Innovation の実現』を目指し，ステークホルダーとともにさまざまな社会的責任活動を『B.LEAGUE Hope』と称し，推進していきます」とあるように，社会と社会の一部としての B.LEAGUE との相互に付託と受託という関係がしっかりと意識されているということであろう。スポーツだからこそできること，負うべき責任があるということを理解し，それを実践しようとしているのである。

＜課題＞
　スポーツの社会的責任と倫理を考えるうえで基盤となるものはなにか。本章の内容から考えてみよう。

＜参考文献＞
青木　崇（2016）価値創造経営のコーポレート・ガバナンス．税務経理協会．

大野貴司編（2020）現代スポーツのマネジメント論 -「経営学」としてのスポーツマネジメント序説 - ．三恵社．

飯富順久，辛島　睦，小林和子，柴垣和夫，出見世信之，平田光弘編（2006）コーポレート・ガバナンスと CSR．中央経済社．

菊池敏夫（2007）現代企業論 - 責任と統治 - ．中央経済社．

菊池敏夫，平田光弘，厚東偉介編（2008）企業の責任・統治・再生 - 国際比較の視点 - ．文眞堂．

佐久間信夫，田中信弘編（2011）現代 CSR 経営要論．創成社．

中村瑞穂（1998）企業倫理と日本企業.明大商学論叢，80（3・4）：169-181．

平田光弘（2008）経営者自己統治論 - 社会に信頼される企業の形成 - ．中央経済社．

平田光弘（2009）企業競争力創成の礎としての CSR 経営 - リコー

グループと東芝グループの事例‐. 経営力創成研究, 5：65-78.

平田光弘（2010）21 世紀の日本企業はどの道を歩むべきか‐社会に信頼される企業の形成‐. 経営哲学, 7（1）：6‐23.

平田光弘（2011）経営の"学"を考える. 経営哲学, 8（1）：6-16.

平田光弘（2016a）望ましい現代経営者とその経営理念. 経営教育研究, 19（2）：33-44.

平田光弘（2016b）社会責任経営と経営者行動. 経営行動研究年報, 25（1）：5‐9.

＜参考 URL＞

B.LEAGUE Hope ホームページ.
https://www.bleague.jp/b-hope/（参照日 2020 年 11 月 16 日）.

早稲田大学スポーツビジネス研究所「スポーツ CSR 研究会」ホームページ.
http://www.waseda.jp/prj-risb/sportscsr.html（参照日 2016 年 5 月 24 日）.

（老平　崇了）

第 11 章
スポーツによる地方創生とまちづくり

1. 地方創生とまちづくり

　わが国を取り巻く重要な課題のうちのひとつに急速な人口減少がある。この人口減少は，2010年以降続いており，今後も歯止めがかからないとされる。その反面，東京都を中心とした都市部の人口は増加している。この背景には，地方から東京へという人の流れがある。同時に，少子化も相まって地方の一層の人口減少傾向がみられるのである。

　このような問題に直面した地方の企業や自治体は，その厳しさに耐えられずに破たんする例もある。国はこの課題に対処するため，2014年に「まち・ひと・しごと創生法」を立法化した。

　「まち・ひと・しごと創生法」の目的は，「我が国における急速な少子高齢化の進展に的確に対応し，人口の減少に歯止めをかけるとともに，東京圏への人口の過度の集中を是正し，それぞれの地域で住みよい環境を確保して，将来にわたって活力ある日本社会を維持していくためには，国民一人一人が夢や希望を持ち，潤いのある豊かな生活を安心して営むことができる地域社会の形成，地域社会を担う個性豊かで多様な人材の確保及び地域における魅力ある多様な就業の機会の創出を一体的に推進すること（以下『まち・ひと・しごと創生』という。）が重要となっていることに鑑み，まち・ひと・しごと創生について，基本理念，国等の責務，政府が講ずべきまち・ひと・しごと創生に関する施策を総合的かつ計画的に実施するための計画（以下『まち・ひと・しごと創生総合戦略』という。）の作成等について定めるとともに，まち・ひと・しごと創生本部を設置することにより，まち・ひと・しごと創生に関する施策を総合

的かつ計画的に実施すること」とされている。

　つまり，地方の経済力をあげることによって地方創生を果たそうというのである。すなわち，地方創生の根拠となる法律が「まち・ひと・しごと創生法」であるといえる。ここでは，まちづくりによって地方創生をし，日本経済を元気にしようというのである。

　では，まちづくりとは何なのか。まちづくりとは，一般的にはゼロから新しいまちをつくることに加えて，既存のまちの一部を再開発などのハード事業によって活性化させることやまちの発展に繋がるイベントの実施等のソフト事業までを含めた広い意味で捉えられることが多いとされている。

2. 企業と地域社会

　ところで，これまで企業は地域社会をどのように捉えてきたのであろうか。多くの企業においては，経営理念，経営方針，各種報告書等に，自らの利害関係者のひとつとして地域社会が記されている。また，さまざまな経済団体の意見書，声明，憲章等にも，地域社会が企業の利害関係者として取りあげられている。これは，企業においては地域社会との関係の維持が重要な経営課題のひとつであると理解されていることを示していよう。

　このように企業が地域社会を利害関係者のひとつと捉えた場合，企業と地域社会の間に企業の方針を示す必要性が生じてくる。同時に，地域社会もまた，企業に対してさまざまな期待を持っている。地域社会が利害関係者のひとつである以上，地域社会の期待に応えることも企業の責任のひとつとなるのである。第 10 章で学んだ考え方に従えば，地域社会がここでは社会となり，社会の一部としての企業との間は付託と受託という関係で結ばれているということになるのである。

3. スポーツと地域社会

　1993 年に開幕した J リーグは，地域社会に密着するという理念を軸に制度設計を行ったとされている。それまでの日本のプロ

スポーツ界をリードしていたプロ野球は，企業が主体となって発展してきたのに対し，Jリーグは地域社会との深い関係性によって発展を遂げようと考えたのである。

　他国のプロサッカーの例をみてみても，企業よりも地域に寄り添って発展を遂げてきている。とりわけ，日本サッカー協会と関係が深かったとされるドイツのサッカー協会が地域社会を軸とした発展を遂げてきたことも Jリーグの理念の形成を後押ししたとされている。

　このJリーグの地域社会に密着するという理念を端的に表しているのがチーム名であろう。プロ野球では，中日ドラゴンズや読売ジャイアンツ，福岡ソフトバンクホークスというように企業名がチーム名に入っている。これにより，企業にとっては，プロ野球球団を経営することによる広告宣伝効果が享受しやすくなる。また，企業がチームにお金を出す際には，広告宣伝費として出費しやすい。チーム名にある企業は親会社として主体的に球団運営に取り組み，損失が出た場合は損失補てんをすることで経営を成り立たせてきた。

　他方，Jリーグはチーム名に企業名を入れることを認めなかった。そのかわりに，地域名をチーム名に入れることにした。名古屋グランパスや清水エスパルス，FC 東京というようにチーム名に地域名を入れたのである。Jリーグでは，チーム名に入っている地域がホームタウン（クラブの本拠地）となり，そこに住む人々が中心となって，主体的にクラブを盛り上げることを目指したのである。

　このJリーグの取り組みを参考にして，他のスポーツでも地域社会との関係を捉え直す動きが活発化した。あのプロ野球でもいくつかの球団は地域社会との関係性を重視しはじめた。その代表的な例が日本ハムファイターズである。もともとは東京を本拠地としていたが札幌に移し，札幌を中心とした北海道全域をホームタウンにして成功を収めたのである。

　また，その後プロ化の道を選んだプロバスケットボールのB.LEAGUE も地域社会との関係性を重視している。

4. スポーツによる地方創生とまちづくり

（1）スポーツと地方創生とまちづくり

　他方で，地方自治体もスポーツに地方創生の役割を期待している。これまでの自治体の多くは，地方創生の担い手として製造業企業に期待をしていた。工場を誘致し，そこで地域の雇用を創出し，工場で働く人の消費を増やし，税収をあげようというのである。しかし，グローバル化の進展により工場が海外に移転し，消費の減少によって工場の生産性が低下する現実を前にして，従来型の地方創生では立ちいかなくなっている。

　そこで自治体はスポーツクラブと連携し，スポーツと地域社会とが密着した関係を構築し，ともに発展を遂げていくことを期待しはじめた。そこでは，各スポーツクラブは，地域との良好な関係の構築を試みている。

　また，スポーツクラブが自治体との連携の他に近年盛んに行っているのが，地域の大学との協業による地域社会との関係性の構築である。これによって，ひいては地方創生とまちづくりに繋げていこうというのである。

（2）FC刈谷と地元大学生による地方創生とまちづくりの取り組み[1]

　先に記したように，スポーツと地域社会の密着した関係性の構築によって，各スポーツクラブと大学との協業による地方創生とまちづくりを成し遂げようとする動きが活発化している。ここでは愛知県を本拠地とするFC刈谷と筆者のゼミに所属する学生との取り組みの事例をみていく。

（3）FC刈谷の概要

　FC刈谷は，愛知県刈谷市にある「ウェーブスタジアム刈谷」を本拠地とし，地域リーグ（東海社会人サッカーリーグ）に所属するサッカークラブである。その運営母体は，NPO法人かえるスポーツクラブである。

---

[1] ここに記すFC刈谷と地元大学生との協業の内容は，2019年時点のものである。なお，FC刈谷はその後2020年11月にJFLへの昇格が決まっている。

この運営母体である NPO 法人かえるスポーツクラブは,「愛知県内及び刈谷市の外国人を含む地域住民に対して,スポーツクラブの運営,スポーツの普及,スポーツ行事の企画・主催・運営を通じた環境問題に対する改善行動,国際化を通じた地域住民の交流促進,スポーツ施設の運営管理などに関する事業を行い,地域の『わ(和,輪,環,話)』を広げることに寄与する」ことを目的とし活動を行っている。

　また,FC 刈谷のホームページには,「FC 刈谷が誕生したのは 2006年。それまで JFL に加盟していたデンソーサッカー部が JFL への参戦を停止することを機に,『サッカーへの想いをつないでいきたい』という市民の気持ちが高まり,デンソーサッカー部から JFL 参戦の権利を受け継ぐ形で,市民サッカークラブ『FC 刈谷』が誕生しました」とされ,さらに,「企業クラブから市民クラブへ生まれ変わるのにあたり,大勢の市民の皆さんの支援・協力をいただきました。その想いは今も,クラブを支える賛助会員の方々や,ホームゲーム運営に携わるボランティアスタッフの中にしっかりと息づいています」と記されている。

(4) FC刈谷が抱える課題

　さて,FC 刈谷が抱える課題のひとつにチーム成績がある。同クラブは,2009 年に JFL で下位になり,地域リーグ（東海社会人サッカーリーグ）に降格することになった。その後,2015 年,2016年,2018 年,2019 年とリーグ優勝し昇格トーナメントに進むも敗れ,JFL 昇格を果たすことができなかった。

　また,収入面でも課題を有する。現在の年間事業収入は 5503 万円であり,この収入は,地域リーグレベルにしては低くない水準であると考えられる。しかし,今後 J リーグ入りを目指している同クラブにとっては,J3 ライセンスを交付してもらうための条件として,安定した収入（年間事業収入 1.5 億円以上）を確保しなければならない。なお,現在の収入の内訳をみてみると 80％以上は広告収入や協賛などに頼っている。

（5） FC刈谷の目標

　FC 刈谷としては JFL 昇格をし，その先にある J3 リーグの参加（J
リーグの入会）を目標としている。

　運営母体としては，先に述べたように広告収入や協賛からの収益
だけで経営するのではなく，さらに収入を増やす活動を行わなけれ
ばならない。そこで，収入確保の手段として FC 刈谷サッカーアカ
デミーの開設をしたり，グッズ販売等による収入を増やしたり入場
者をさらに増加させることでより収入の増加をはかろうとしてい
る。また，さらにスポンサーを増すことで練習場やクラブハウスの
建設などの費用を獲得していきたいと考えている。

　また，Ｊリーグの入会条件として平均入場者数 2000 人を超えな
ければならないという条件があるため，入場者数の増加も目標とし
て掲げている。

（6） FC刈谷と地元大学生との協業による地方創生とまちづくりの事例

　このような課題と目標を抱える FC 刈谷が，真っ先に取り組みた
いことは，地域社会との密着した関係の構築によるファンの獲得，
そして，その先にみえる収入の増加である。

　そこで，2019 年から地元大学生との協業によって地域社会との
密着した関係の構築によるファンの獲得とその先にみえる収益の
向上を果たそうと試みた。

　まず，FC 刈谷から学生には，「ホームゲームでの集客向上」，「FC
刈谷が地域に愛されるためには」という 2 つの課題が示された。こ
れらはともに地域社会との密着した関係の構築を目指してのもの
であろう。

　この 2 つの課題を念頭に，学生たちはまず同業の他クラブがどの
ような集客向上策をとっているかを調査した。その結果，「地域参
加型イベントの企画」，「メディカルチェックの実施」，「サッカー教
室の開講」という 3 つの共通点がみつかった。

　しかしこれらは，すでに FC 刈谷が行っていることであり，これ
までは他クラブと同じようなイベントによって観客を集めようと
していたことがわかった。

そこで，学生たちは誰をＦＣ刈谷のファン層とみるかを議論した。その結果，すでにスポーツに関心を持っている層を狙うのではなく，まだ FC 刈谷を知らない人やスポーツに興味がない人を狙うことが必要だというのが学生たちの考えであった。

　そこで着目したのが，既存ファンの分析である。その結果，既存ファンは 50 代男性が多いということが明らかになった。半面，30代から 40 代のファミリー層は既存のファンにはほとんどいないことがわかった。そこで，30 代から 40 代のファミリー層が休日に出かけるとされるショッピングモールとテーマパークと違いを考えながら，30 代から 40 代のファミリー層の開拓を目指すべく，子供が楽しめるスポーツイベントの企画を立案し実行した。その結果，多くのファミリー層が来場することとなりイベントは成功した。以下が，学生が行ったスポーツイベントの様子である。

写真 11-1
選手と子供たちとの触れ合い

写真 11-2
子供向けに企画したイベントの様子

　このような大学生を活用したスポーツと地域社会と密着した関係の構築事例は，昨今急速に増加している。これらが花開くことで，スポーツによる地方創生とまちづくりの事例がこれから日本中で増えていくことであろう。

<課題>
　スポーツによる地方創生とまちづくりの事例を調べてみよう。

<参考文献>
大野貴司編（2020）現代スポーツのマネジメント論‐「経営学」と
　　してのスポーツマネジメント序説‐．三恵社．
菊池敏夫（2007）現代企業論‐責任と統治‐．中央経済社．
佐久間信夫・井上善博・伊藤忠治編（2017）地方創生のビジョンと
　　戦略．創成社．
特定非営利活動法人かえるスポーツクラブ（2020）2019 年度事業
　　報告書．
平田光弘（2009）企業競争力創成の礎としての CSR 経営‐リコー
　　グループと東芝グループの事例‐．経営力創成研究，5：65-78．
平田光弘（2010）21 世紀の日本企業はどの道を歩むべきか‐社会
　　に信頼される企業の形成‐．経営哲学，7（1）：6‐23．
平田光弘（2011）経営の"学"を考える．経営哲学，8（1）：6‐16．

<参考 URL>
FC 刈谷ホームページ．https://fckariya.jp/（参照日 2020 年 1 月 23 日）．
公益財団法人日本サッカー協会ホームページ．https://www.jfa.jp/
　　（参照日 2020 年 1 月 23 日）．
東海社会人サッカーリーグホームページ．http://www.tokai-sl.jp/（参
　　照日 2020 年 1 月 23 日）．
内閣府 NPO 法人ホームページ．https://www.npo-homepage.go.jp/（参
　　照日 2020 年 1 月 23 日）．
日本プロサッカーリーグホームページ．https://www.jleague.jp/　（参
　　照日 2020 年 1 月 23 日）．

　　　　　　　　　　　　　　　　　　　　　　　（老平　崇了）

1. 持続可能な開発目標：SDGs とは何か

外務省によれば，持続可能な開発目標（Sustainable Development Goals，以下 SDGs と記す）とは，2001 年に策定されたミレニアム開発目標（MDGs）の後継として，2015 年 9 月の第 25 回国連総会で採択された「持続可能な開発のための 2030 アジェンダ」にて記載された 2030 年までに持続可能でよりよい世界を目指す国際目標である。17 のゴール・169 のターゲットから構成され，地球上の「誰一人取り残さない（leave no one behind）」ことを誓っている。SDGsは発展途上国のみならず，先進国自身が取り組むユニバーサル（普遍的）なものであり，日本としても積極的に取り組んでいるものである（図表 12-1）。

SDGs の 17 の目標には，全世界共通の持続可能な成長戦略が書かれている。持続可能な開発とは，「将来世代の欲求を満たしつつ，現在の世代の欲求も満足させるような開発」を指すとしている。そして「開発」とは，経済的に発展することであり，モノやサービスを中心とした暮らしが豊かになることである。例えば電気や水道が通っていないよりも通っている方が，馬に乗るよりも電車や車で走る方が，病気になったら家で寝ているだけよりも病院や薬で治せるほうが，開発されているという。したがって，普通は開発されていないよりも開発されている方がよいと考える。さらに，SDGs 的にはどんな開発でもいいわけではなく，「持続可能（サステイナビリティ）」であることが重要なポイントとなるのである。

本章では，スポーツ組織と SDGs への取り組みとして，営利スポーツ組織の事例としてマウンテンバイク専用施設である「フォレス

図表 12-1　SDGs の17のターゲット

国際連合広報センター公式ウェブサイトより。

トバイク」と，非営利スポーツ組織の事例として慶應義塾大学庭球部が主催するプロテニストーナメントである「横浜慶應チャレンジャー」を紹介する。

2.　マウンテンバイク：「フォレストバイク」の事例

(1)　自転車競技とは

　自転車競技は自転車を扱う競技であり，多様な競技があるのが特徴である。公益財団法人日本自転車競技連盟（以下 JCF と記す）は 2013 年に公益財団法人として認定された日本における自転車競技界を統括し代表する団体である。以下，JCF によれば，その傘下には，ロードレース，トラックレース，マウンテンバイク，BMX，シクロクロス，トライアル，インドア，パラサイクリングの 8 競技がある。ロードレースは一般公道で行われる大集団でレースを開始し，最初にゴールしたライダーが勝者となる競技である。1 時間未満のレースから 6～7 時間に及ぶレース，複数のステージで数日間続く大会もある。トラックレースは，コーナー部に外側が高くなる

ような傾斜が付けられている自転車競技場や競輪場で行われるレースである。なお，ロードレースとトラックレースはパラサイクリングの種目でもある。BMX はバイシクルモトクロスの略で，専用バイクを使ったオフロードやスケートパークなどで行う競技である。レースは最大 8 名が一斉にスタートし，大小さまざまな起伏があるコースで順位を競うほか，制限時間内でジャンプやトリックなどの技の難易度・独創性・オリジナリティを競うフリースタイル競技があり，パーク，ストリート，フラットランドといった種目に細分化されている。シクロクロスは，激しい坂，林間，砂場など変化に富んだコースを走行する，過酷さが他の自転車競技と大きく異なる競技である。トライアルは，他の自転車競技とは異なりスピードやタイムを競わず，岩や丸太，斜面等の自然地形や，人工の構造物で作られたコースをスムーズに走行出来るかを競うものである。インドアは 100 年以上の歴史がある競技であり，サイクルサッカーとサイクルフィギュアがある。サイクルサッカーは，男子 2 人 1 チームで自転車に乗ってプレーするサッカーのようなボールゲーム種目であり，サイクルフィギュアは，その名のとおり演技の美しさや難易度を競う種目である。以上より，自転車競技は自転車を扱った競技という共通性はあるものの，多種多様であり非常にバラエティーに富んでいることがわかるだろう。

（写真提供：TUBAGRA 内藤仁雄氏，江越昇也選手）

（3）　マウンテンバイクとは

　マウンテンバイクは，1970 年代にアメリカのカリフォルニア州サンフランシスコ郊外のマリン郡で数名のライダーがビーチクルーザーや実用車などに太いタイヤをつけるなどしてバイクを自作し，急勾配の山を下りタイムを競った遊びから始まったとされる自転車競技の中では比較的新しいスポーツである。一般的にマリン郡がマウンテンバイク発祥の地とされるのは，同郡マウント・タム（タマルパイス山）で行われていた当時最大のレースによるところが大きい。競技のみならず自然を楽しむためのスポーツとしても人気がある。

　競技には，総合的な力が試される「クロスカントリー」，下りのコースのみで競う「ダウンヒル」のほか，短いコースを使って 4 名ほどのレースを行い勝ち上がり制で行われる「エリミネーター」や「4 クロス」，山での長い距離の途中途中でのタイムトライアルの総合で競う「エンデューロ」などがある。オリンピックでは1996 年のアトランタ・オリンピックより，「クロスカントリー・オリンピック」という 4km 程度の起伏がありテクニックを要するコースを周回する種目が行われており，パワーと共にテクニックも必要となる。「ダウンヒル」は，スキー場などで行われることが多く，ペダリングよりも乗車技術に重点がおかれたエクストリーム・スポーツとして人気がある（公財日本自転車競技連盟公式ウェブサイト）。

　JCF 傘下の日本マウンテンバイク協会（以下 JMA と記す）は，国内におけるマウンテンバイクの普及，発展及び振興を図り，国民の心身の健全な発展に寄与することを目指し，自転車をライフスタイルとして楽しみ，役立てる提案と活動を行っている。そこで，マウンテンバイク普及のための取り組みの一つとしてマウンテンバイク専用コースを作っていくことに力を入れ始めている。以下は国内外における主要なマウンテンバイク専用コースである。

①　ウィスラー・マウンテンバイク・パーク（Whistler MTB Park）/カナダ）:British Columbia 州 Whistler-Blackcomb というリゾート地にある世界最大のマウンテンバイク常設コースでありマウンテンバイクの聖地といわれている。ウィンターシーズンにはスキー・ス

ノーボードも楽しむことが出来る北米最大のスキーリゾート地で2010年にはバンクーバー冬季オリンピックが開催された場所である。

② クイーンズタウン（Queenstown）/ニュージーランド：南部のワカティプ湖のほとりに位置し，マウンテンバイクを始め多くのアウトドアスポーツを楽しむことができるリゾート地でもあり，この地方のワイナリーや歴史的な鉱山の町としても知られる雄大な山々と湖を利用し，マウンテンバイク以外にもスカイダイビング・カヤック・ホークトレックなど多彩なアウトドアスポーツを提供できる大規模なリゾート施設である。また，マウンテンバイクパーク以外にも自転車専用の登山道も無数に存在する。

③ Yamabushi trail tour/静岡県松崎町：西伊豆の登山道（古道をツアーする施設・団体である。かつて炭を運ぶために使われてきた西伊豆山中の古道を，地元の許可・協力を得て再生した山の上から下っていくマウンテンバイクツアーである。

④ AKAIGAWA TOMO PLAYPARK/北海道余市：キャンプ場に隣接するショートコースであり，2018年には Red Bull が主催する世界大会も開催した専用コースである。

⑤ パンプトラックさむかわ/神奈川県寒川町：田端スポーツに隣接する人工のモジュラーパンプを使った専用コースである。

このように，マウンテンバイクの専用コースは冬山の夏季利用を行ったり，他のアウトドアスポーツや地元との共存ならびに山林保存が図られていることが共通点であろう。

（3） フォレストバイクの特徴

フォレストバイクは，神奈川県小田原市にあるマウンテンバイク専用コース施設である。他のマウンテンバイク常設コースが冬場は雪の影響でオフシーズンとなる中，都内からのアクセスも良く，海と山に囲まれた通年温暖な土地を活かして，季節を問わず1年中コースを利用することが可能な施設である。運営しているのは，株式会社 T-FORESTRY である。図表 12-2 は株式会社 T-FORESTRY の事業概要である。㈱T-FORESTRY は，2010年2月に法人を設立し，同年4月にハーネスを付けて樹上を遊ぶ，フランス発祥の自然共生

型アウトドアパーク「フォレストアドベンチャー・小田原」事業を開始した。その後，フォレストバイク土地所有者である隣接する辻村農園山林において農作物の生産・販売，山林の管理・木材の販売を行いはじめたほか，「県西未病プロジェクト」や「おだわら環境志民ネットワーク」に参画し，小田原の山林・農園を基盤に環境や健康に意識を向けた事業・活動を行っている。自然体験を希望される首都圏からの来場者を多く受け入れている。また，敷地内には「メガソーラー事業」や「小水力発電の遺構」等クリーンエネルギーを取り入れており，再利用可能エネルギーの見学ツアーを行っている。2020 年 4 月からは JV として「小田原こどもの森公園わんぱくらんど」や「小田原市いこいの森」の運営にも関与している。

図表12－2 株式会社T-FORESTRY事業概要

2010年2月	株式会社T-FORESTRYを設立
2010年4月〜	ハーネスを付けて樹上を遊ぶ、フランス発祥の自然共生型アウトドアパーク「フォレストアドベンチャー・小田原」事業を開始
	神奈川県小田原市にある辻村農園山林において農作物の生産・販売、山林の管理・木材の販売を行う
	「県西未病プロジェクト」「おだわら環境志民ネットワーク」に参画
	小田原の山林・農園を基盤に環境や健康に意識を向けた事業・活動を行う
	自然体験を希望される首都圏（特に都内、横浜市内）のお客様を多く受け入れている
	敷地内の「メガソーラー事業」、「小水力発電の遺構」等を見学する再利用可能エネルギーのツアーを行っている
2020年4月	JVとして「小田原こどもの森公園わんぱくらんど」「小田原市いこいの森」の運営にも関与する

(出典：フォレストバイク公式ウェブサイト)

このように，㈱T-FORESTRY は，子どものための森林アスレチックやフォレストバイクを中心にビジネスを行うほか，クリーンエネルギーの普及教育活動にも力を入れ，地域の持続的発展のために，地域と共に活動を行っていることが特徴である。

フォレストバイクは，2015 年に JMA からフォレストアドベンチャーの担当マネージャーにマウンテンバイクの常設専用コース創設の打診があったことから機運が高まり，実現に向けて動き出すこととなった。そこで，T-FORESTRY 代表取締役とフォレストアドベンチャーが土地所有者に対して土地の貸与を求めて行った交渉の結果，土地所有者から以下のような条件が出された。それは，①来場者のケガや事故防止のためにスクール形式を基本とすること，②利用料金以外にスクール料も徴収することで単価を上げること，③森林の持続的維持管理を含めた整備も行うことである。以降，その条件にしたがって開設に向けて進みだすこととなる。そして，試作段階で JMA が短いコースを作成すると同時に，Trail Lab という専門造成業者も参加してコースを造成し，2017 年にフルオープンを迎え，2018 年には上級者向けコースもオープンするはこびとなった。

　現在，フォレストバイクをモデルとして新たにマウンテンバイク常設コース開設の動きが各地で起こり始めている。また，2020 年現在のコロナ禍にあっては，「密」になりにくいアウトドアスポーツであることから注目を集め始めている。

（4） SDGs 視点からみた森林とマウンテンバイク

　ここまでマウンテンバイクについて述べてきたが，マウンテンバイクが自然と SDGs 的な視点をもって発展してきたことがうかがえる。しかしながらマウンテンバイクが必ずしも順調に発展を遂げてきたわけではなく，多くの努力があった。1980〜90 年代にかけてわが国では，マウンテンバイクが「野外トレイル」として増加し，森林所有者やハイキングを楽しむ人との軋轢が生まれるケースも出てきた。その問題を解決するため，2000 年代以降は共存を図りつつマウンテンバイク用のトレイルを確保する動きが生まれてきた（平野，2016）。このような過程と年月を経て，森林所有者等と共存しながら，いくつかの専用のコースや常設施設が存在するようになったのである。先ほどのフォレストバイクの事例では，土地所有者から土地を貸与してもらうにあたって，スクール形式を基本とすることでコース外にむやみにいかないよう来場者の管理を行

うことや，来場者の単価を上げることで経営に寄与すること，森林の維持管理についてのオーダーがあった。実際にこれらは，継続的にフォレストバイクの経営を安定化するための施策であり，SDGs的視点を持ち合わせたものであるといえるだろう。

　現在わが国では，森林に対する多様なニーズへの積極的な取り組みが，地域活性化という観点においても重要になっており（平野，2016)，「持続可能な開発目標（SDGs)」を推進する意味でも重要である。国家緑化推進機構（2019)は，「森のための4つのアクション」として，「森にふれよう」，「木をつかおう」，「森林をささえよう」，「森林とくらそう」を提言している（図表12-3)。これらのアクションをマウンテンバイクの活動にあてはめてみると，森林レクリエーション活動等による持続可能な森林サービス産業の促進，森林を活かした健康増進，教育という点において，マウンテンバイクは将来性のあるレクリエーションの一つであるといえるのではないだろうか。

図表 12-3 国土緑化推進機構の SDGs 宣言-森のための 4 つのアクション-

ACT 1:
森にふれよう

エコツアーに行く、森林教室に参加する、森林浴や森林レクリエーションを楽しむ、などの活動

ACT 2:
木をつかおう

木のおもちゃで遊ぶ、国産材の家具や食器を使う、職場で国産材の事務用品や間伐材の紙を使う、薪ストーブを使う、などの活動

ACT 3:
森林を支えよう

森づくりをする、森づくりのために募金する、森林ボランティア活動に参加する、などの活動

ACT 4:
森林とくらそう

森を仕事の場として働く、森と生きる知恵や技術を学ぶ、森の恵みを暮らしに取り入れる、などの活動

（出典：国家緑化推進機構公式ウェブサイト）

3. テニス:「横浜慶應チャレンジャー」の挑戦

（1） プロテニス大会の萌芽と進展

① テニスのプロ化と国際大会

　20 世紀初頭，多くのスポーツでは競技の普及ならびに国際大会を開催するため，世界的な統括組織の必要性が高まり，競技ごとに国際連盟組織が誕生した。テニスも例外ではなく，国際テニス連盟（現 International Tennis Federation，以下 ITF）が 1913 年に創設された。スポーツの世界でビジネス化，プロ化が進展したのは 1984 年のロサンゼルス五輪が契機といわれているが，テニス界では 1920 年代からプロ宣言をする選手が現れはじめ，プロ選手専用のトーナメントやエキシビションマッチが開催されていた。また，プロ選手をマネジメントする組織がすでに存在しており，1968 年のグランドスラム大会を契機にプロ選手の参戦を解禁するという「オープン化」の進展とともに，マネジメント組織の影響力が増してきた。すると，これまでグランドスラム大会を仕切っていた ITF との間に軋轢が生まれ始めた。例えば，ITF が管轄する男子国別対抗戦のデビスカップを欠場した選手に対し，グランドスラム大会出場禁止処分を下したことに対抗して，マネジメント組織が選手側にボイコットさせた等の問題が表面化した。そこで，1972 年にプロ選手たちが結集し，選手の権利や利益を保護する目的で創設したのが男子プロテニス協会（Association of Tennis Professionals，以下 ATP）である。テニスは，グランドスラム大会が開幕した 19 世紀後半から起算すると，当時すでに 100 年もの歴史があった競技である。これまで，プロ・アマ等様々な大会を主催する団体が混在していたが，順次吸収合併等を経た上で，ようやく 1990 年に ATP ツアーとして統一化にこぎつけたのである。

　一方，女子の世界ツアーは WTA 創設と同時に実現した。女子プロ選手も 1920 年代から存在していたものの，「客を呼べる」選手が常にいたわけではなく，本格的なプロツアーが開催されるようになったのは戦後の 1940 年代後半になってからである。かねてより男子プロ選手と同じ大会の名の下でツアーに参戦していた女子プロ選手であったが，女子の賞金額が男子の 1/6 にも満たないことに対

して異議を唱えたのが当時の最強の女子プロ選手，ビリー・ジーン・キングであった。そのキング氏が発起人となって，多くの賛同する企業とスポンサー契約し，1973年にWTAツアーとして女子のみのプロテニスツアーを実現させたのがWTAである。

　このような変遷を経て，現在はATPやWTAはプロテニスの運営を活動の中心に据え，ITFはテニスの国際的な普及や上位のカテゴリーに参戦するプロを目指す選手やプロ選手歴の浅い選手を対象とした下位カテゴリーに関わる活動を行っている　図12-4は，2020年現在のプロテニス大会のツアーカテゴリーを表したものである。本章で紹介するチャレンジャー大会は，ATPの登竜門となるカテゴリーに位置する。

② 日本における国際大会

　日本における国際プロテニスツアー大会開催の変遷をあらわしたのが図12-5である。なかでも1990年から1995年は，ジャパンオープン，セイコースーパーテニス，ニチレイ・レディースと東レPPOテニスの4大会がすべて開催されていた時代であり，プロテニス観戦の全盛期であったといえるだろう。これらの大会は，日本にいながらにして世界のトッププレーヤーの集結を目のあたりにできる，現在となっては夢のような機会を日本のファンに提供し，日本のテニス文化に大きな影響を与えた。しかしながら，バブル経済崩壊の余波と共に，厳しい経済環境の下ではスポンサーシップの継続を断念する企業が多かった。テニスにおいてもセイコースーパーテニスが撤退，ニチレイ・レディースもトヨタが継承するも2002年に終結を迎えてしまったのである。

（2）横浜慶應チャレンジャーとは
① 大会の成り立ちと経緯

　大学のプロテニス大会シリーズは，2006年から亜細亜大学と早稲田大学が旧「フューチャーズ大会」（2019年からランキング制度の変更に伴いインターナショナル大会と名称変更）を開催し始めたのが先駆けである。旧フューチャーズ大会は，当時本戦で1回勝利するとATPポイントが1ポイント獲得できる，プロ選手としての

登竜門といわれる大会であった。ATP ポイントを獲得するために海外遠征をするのは，一部の経済的に恵まれた選手のみに限られていたが，この登竜門の大会を国内で多く開催することによって，海外遠征費用をかけずに ATP ポイントを獲得できるチャンスを国内の選手に与えることができる。そのような目的で，国内では旧フューチャーズ大会が多く行われるようになった。なお，旧フューチャーズ大会は賞金総額 1 万ドルから開催できたことも理由である。

図表 12－4　プロテニス大会のツアーカテゴリー

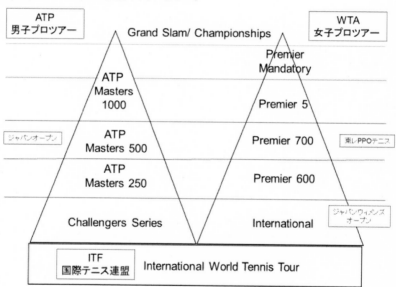

（各種ウェブサイト，慶應チャレンジャー国際テニストーナメントパンフレット 2018 を参考に筆者作成）

156

図12−5 日本における国際プロテニスツアー大会開催の変遷

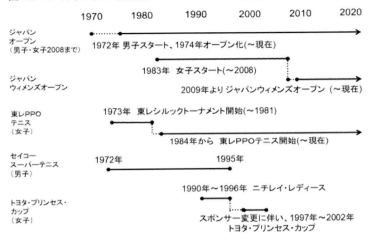

（ITF, 日本テニス協会, ATP, WTAウェブサイトを参考に筆者作成）

図表 12-6 国内の国際大会開催状況

大会週	本戦期日	大会名称	大会会場	大会カテゴリー	賞金総額
男子					
9	3/3-3/8	亜細亜大学国際オープンテニス	東京: 亜細亜大学日の出キャンパステニスコート	ITF	1.5万ドル
10	3/10-3/15	三菱電機・早稲田大学インターナショナルオープン	東京: 早稲田大学東伏見三神記念コート	ITF	1.5万ドル
11	3/17-3/22	甲府国際オープンテニス	山梨: 山梨学院横根テニス場	ITF	1.5万ドル
12	3/24-3/29	筑波大学MEIKEIオープンテニス	茨城: 筑波大学体芸テニスコート	ITF	1.5万ドル
13	3/30-4/5	かしわ国際オープンテニストーナメント	千葉: 吉田記念テニス研修センター	ITF	1.5万ドル
15	4/14-4/19	横浜慶應チャレンジャー国際テニストーナメント	神奈川: 慶応義塾大学日吉キャンパス	ATP CH	5.416万ドル
16	4/20-4/26	ユニ・チャームトロフィー愛媛国際オープン	愛媛: 愛媛県総合運動公園	ATP CH	5.416万ドル
20	5/18-5/24	四日市チャレンジャー	三重: 四日市テニスセンター	ATP CH	TBA
21	5/26-5/31	ポルシェ軽井沢国際テニストーナメント	長野: 軽井沢会テニスコート	ITF	1.5万ドル
23	6/9-6/14	レクサス東京オープン国際テニストーナメント	東京: 昭和の森テニスセンター	ITF	1.5万ドル
39	9/30-10/6	楽天ジャパンオープン	東京: 有明の森	ATP 500	189万ドル
45	11/9-11/15	2020兵庫ノアチャレンジャー	兵庫: ブルボンビーンズドーム	ATP CH	5.416万ドル
女子					
7	2/18-2/23	島津全日本室内テニス選手権大会	京都: 島津アリーナ京都(京都府立体育館)	ITF	6万ドル
9	3/3-3/8	横浜慶應チャレンジャー女子国際テニストーナメント	神奈川: 慶応義塾大学日吉キャンパス	ITF	2.5万ドル
10	3/10-3/15	富士薬品セイムスウィメンズカップin大阪体育大学	大阪: 大阪体育大学	ITF	2.5万ドル
11	3/17-3/22	甲府国際オープンテニス	山梨: 山梨学院横根テニス場	ITF	2.5万ドル
12	3/24-3/29	富士薬品セイムスウィメンズカップin甲府	山梨: 山梨学院横根テニス場	ITF	2.5万ドル
13	3/30-4/5	かしわ国際オープンテニストーナメント	千葉: 吉田記念テニス研修センター	ITF	2.5万ドル
14	4/7-4/12	富士薬品セイムスウィメンズカップin大阪	大阪: ITC靭テニスセンター	ITF	2.5万ドル
17	4/28-5/3	福岡国際女子テニス	福岡: 博多の森テニス競技場	ITF	6万ドル
18	5/5-5/10	カンガルーカップ国際女子オープンテニス	岐阜: 岐阜メモリアルセンター長良川テニスプラザ	ITF	8万ドル
19	5/12-5/17	久留米市ユー・エス・イーカップ国際女子テニス	福岡: 新宝満川地区テニスコート	ITF	6万ドル
20	5/19-5/24	軽井沢国際女子テニス大会	長野: 風越公園屋外テニスコート	ITF	2.5万ドル
36	9/9-9/15	ジャパンウィメンズオープン	広島: 広島広域公園テニスコート	WTA ITL	25万ドル
37	9/16-9/22	東レパンパシフィックオープンテニス	大阪: ITC靭テニスセンター	WTA Premier 700	75.7万ドル
37	9/15-9/20	セキショウ国際女子オープンテニストーナメント	茨城: 筑波北部公園テニスコート	ITF	2.5万ドル
38	9/22-9/27	GSユアサオープン	京都: ハンナリーズアリーナ	ITF	2.5万ドル
39	9/29-10/4	能登和倉国際女子オープンテニス	石川: 七尾市和倉温泉運動公園テニスコート	ITF	2.5万ドル
40	10/6-10/11	ゴーセンカップスウィングビーチ牧之原国際レディースオープンテニス	静岡: 静波リゾートスイングビーチ	ITF	2.5万ドル
41	10/13-10/18	浜松ウィメンズオープンテニス	静岡: 浜名湖サーパーク	ITF	2.5万ドル
45	11/10-11/15	安藤証券オープン東京2020	東京: 有明テニスの森	ITF	10万ドル

（日本テニス協会公式ウェブサイト, 各種ウェブサイトを参考に筆者作成）

2020 年現在の国内での旧フューチャーズ大会からインターナショナル大会ならびにチャレンジャー大会の開催状況は図表 12-6 のとおりである。横浜慶應チャレンジャーはチャレンジャー大会 3 連戦の国内一週目であり，重要なポジションに位置している。

　さて，慶應義塾大学が大学として初のチャレンジャー大会開催に踏み切った経緯について述べたい。まず，アメリカでは大学キャンパスを有効活用したスポーツ大会が数多く開かれており，テニスにおいてもプロテニス大会が数多く開催されている。旧フューチャーズ大会は亜細亜大学や早稲田大学が参入していたが，本人選手が世界に飛躍するためには，より効率的にポイントを稼ぐことのできる「チャレンジャー大会」が必要性であるとの決断をし，大会開催に踏み切ることとなった。それが，2007 年に慶應義塾創立 150 周年の記念イベントとして行われた第 1 回大会である。そして日本人選手のトップ 100 入りを後押しするために現在に至るまで大会を継続してきた。さらに，庭球部主催として女子テニス界発展のため，ならびにこれまでサポートに回っていた女子部員も大会に出場し，間近で高いレベルの試合を体感できる機会を用意することを目的とし，2017 年に女子テニス大会もスタートした。大学主催の大会の意義の一つとして，日本人選手の底上げと同時に，大学生をはじめとするアマチュア選手にも出場の機会を与えることが挙げられる。実際に大会主催者には主催者権限で出場者を選出することのできる仕組み（ワイルドカード）を利用し，予選大会を行って大学生や横浜市民に門戸を開いているのも特徴であり，大会の認知度向上にも寄与しているといえるだろう。

（写真提供：横浜慶應チャレンジャー，左から内山靖崇選手，今村昌倫選手）

② チャレンジャー大会のマネジメント

　チャレンジャー大会は企画から運営はすべて学生が中心となっ
て行っている。毎年卒業して入学してくる部員がいる部活動におい
て円滑にチャレンジャー大会を運営していくには，庭球部としての
伝統や規律が役に立っているのはもちろんだが，しっかりとしたマ
ネジメント体制が整っていることも要因であろう。以下，図表 12-7
の横浜慶應チャレンジャー大会組織図を参照しながら部門ごとの
取組を紹介する。

図表 12-7
横浜慶應チャレンジャー大会組織図

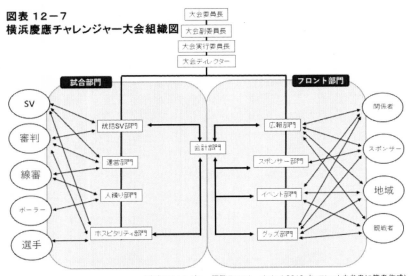

（慶應チャレンジャー国際テニストーナメント2018パンフレットを参考に筆者作成）

　学生以外では，大会委員長に慶應義塾長，大会副委員長に慶應義
塾体育会庭球部長，大会実行委員長に庭球三田会長，大会ディレク
ターに庭球部総監督と，役員関係に学内関係者が就任している。学
生が運営を行っている部門全体を大きく分けると，試合や選手に関
連する試合部門とそれ以外のフロント部門に分けることができる
だろう。試合部門には，統括 SV 部門，運営部門，人繰り部門，ホ
スピタリティ部門があり，フロント部門には，広報部門，スポンサ
ー部門，イベント部門，グッズ部門があり，双方に関係する部門と
して会計部門が存在する。以下順に業務内容をみていく。

まず，試合部門を見てみよう。試合部門のサービスの対象者は，スーパーバイザー（以下 SV と記す），主審などの審判団，ボランティアの線審やボーラー，そして選手である。統括 SV 部門は，大会の中枢となる ATP と ITF からそれぞれ派遣されてくる SV とのコミュニケーションをとる係である。大会開催前には，大会申請や審判の手配などをメールのやり取りを通じて行い，大会期間中は SV の求めに応じて通訳を行うことはもちろん大会を動かしていく最前線に立つ立場である。運営部門は，大会の設営準備，コート整備，必要なものの手配を行う。大会の運営状況を常に把握して，統括 SV 部門や人繰り部門と密に連携することが求められる。人繰り部門は，試合進行予定に応じた線審やボーラーのボランティアの手配を行う。線審やボーラーは多い日には 50-70 人くらい人数がいないと試合が進められないため，一般や他大の学生，一貫校の人たちに声をかけてスタッフを集めることと，コート割と時間による交代表を作成することが主な業務である。未経験者のボランティアも多いため，事前に講習を行うことも必要である。ホスピタリティ部門は選手ラウンジの整備や食事の準備を行うほか，選手や審判のホテルの管理など試合外での試合関係者対応が主な業務である。

　次にフロント部門を見てみよう。フロント部門のサービスの対象者は，関係者，スポンサー，地域，そして観戦者である。広報部門は対外的に慶應チャレンジャーの魅力を伝えることを目標としている。具体的には，ポスターの作成，パンフレットの作成，SNS の発信，メディアリレーションなどを行っている。10 年以上の積み重ねがあってもなお，時代に応じて進化し続けなくてはならないため，毎年新たな取り組みを行っている。スポンサー部門は，賞金総額の約 3 倍かかるといわれている賞金総額を含めた大会経費を実際に集めている重要な部門である。この資金繰り自体を学生主体でやっていることも驚きであるが，毎年お世話になっているスポンサー企業に大会事前事後のあいさつに出向くほか，大会期間中はスポンサーブースを設置するなど，丁寧なコミュニケーションを図って信頼関係を構築していることがうかがえる。その他，2018 年にクラウドファンディングを初めて実施し目標額を達成し（1,664,000円）。2019 年にもクラウドファンディングで目標額を達成する

（1,833,000 円）など，クラウドファンディングは目標額に届かなかったら 0 円になってしまうため，絶対に目標ラインを越えなければならないというプレッシャーもある中，画期的な取り組みが功を奏している。イベント部門は，地域，関係者や観戦者を対象にイベントを企画実施している。具体的には，キッズ・ジュニアテニスクリニック，一般向けテニス上達メソッド，選手サイン会，イベントブースによる食事販売などを行っている。グッズ部門は，運営資金獲得と観客の満足度向上のためにグッズを企画し販売しているといえるだろう。最後に会計部門である。予算は男女大会あわせて賞金総額の 3 倍程度であり，その会計並びに予算管理を行っている。大きなものではスポンサー企業から預かった資金管理の他，イベント収入，グッズ収入等の管理のほか，支出関連では大会申請料の海外送金，大会賞金管理，その他日々の入出金業務が主な仕事である。

（写真提供：横浜慶應チャレンジャー）

③ SDGs 視点からみた横浜慶應チャレンジャー

　横浜慶應チャレンジャーは 2007 年の大会創設以降，ATP のレギュレーション変更等主催者側に負担が増大する中，学生主体で継続してきた貴重な大会である。しかしながら，現状大会の収支の見込みは厳しい見通しである。現状の大会予算の大まかな内訳であるが，収入は，1/3 がスポンサーによる協賛金，2/3 はクラウドファンディング収入，ワイルドカード予選大会のエントリーフィー，各種有

料イベント収入，グッズ収入等，部員が創意工夫を凝らすことで獲得しているほか，ATPからの補助金やライブ配信で得られる協力金が挙げられる。支出に関しては，1/5 が賞金，2/5 が選手のホスピタリティ代（ホテル宿泊費，移動用のバスの手配代，会場整備費等），1/5 が人件費（SV，主審等），1/5 が運営活動費（広報活動費等）である。2019 年から ATP のルール変更に伴い選手ホスピタリティも主催者側が負担することが義務付けられ，負担は増大している。クラウドファンディングの成功によってなんとか現状収支は±0 であるが，余剰の繰越金が大会単体であるわけではなく，収支が例年以上に厳しくなり始めている。2020 年はコロナ禍に伴い大会は中止となった。今後感染症対策費等追加費用が発生するほか，景気悪化に伴う協賛金の減少などが予想され，継続的な大会開催を行っていくためにさらなる工夫が必要であると考えられる。

　SDGs 視点から大会をみてみると，大会の取り組みにはすでに SDGs 的な発想が多く散りばめられており，さらなる工夫のヒントがあるかもしれない。例えば，様々な国から参戦してくる選手との交流，横浜市との提携（行政の理解・市民との交流），集まってくる観客やボランティアの人たち（地域・関係者・観戦者），学生の教育実践の場としてのチャレンジャー大会は，「すべての人に健康と福祉を」，「質の高い教育をみんなに」，「人と国の不平等をなくそう」，「平和と構成をすべての人に」，「パートナーシップで目標を達成しよう」というゴールに関連している。さらに庭球部主催として女子大会も開催にふみきったことは「ジェンダー平等を実現しよう」というゴールも実現している。現時点で横浜慶應チャレンジャーそのものが，SDGs に「取り組んでいる」わけではないが，SDGsを意識した取り組みを行うことで，持続的な発展が見込めると考えられる。

＜課題＞

　昨今 SDGs はテレビでも取り上げられるなど認知度が高まっている。あなたの身近にあるスポーツ関連組織の SDGs に対する取り組みや SDGs に貢献していることについて調べてみよう。

<参考文献>

慶應チャレンジャー国際テニストーナメントパンフレット(2018).

平野悠一郎（2016）　マウンテンバイカーによる新たな森林利用の
　　試みと可能性.日本森林学会誌,98（1）: 1-10.

<参考 URL>

ATP ウェブサイト. http://www.atpworldtour.com/（参照日 2013 年 8
　　月 31 日）.

外務省ホームページ：Japan SDGs Action Platform.
　　https://www.mofa.go.jp/mofaj/gaiko/oda/sdgs/index.html（参照日
　　2020 年 4 月 30 日）.

国土緑化推進機構ホームページ.
　　http://www.green.or.jp/about-us/sdgs/（参照日 2020 年 2 月 18 日）.

国際テニス連盟ウェブサイト. http://www.itftennis.com/（参照日
　　2013 年 8 月 31 日）.

日本マウンテンバイク協会ウェブサイト. http://www.japan-mtb.org/
　　（参照日 2020 年 10 月 31 日）.

WTA ウェブサイト. http://www.wtatennis.com/（参照日 2013 年 8 月
　　31 日）.

Yamabushi trail tour ウェブサイト.
　　https://yamabushi-trail-tour.com/（参照日 2020 年 10 月 31 日）

（齋藤　れい・坂井　利彰）

第13章

映像制作とファンエンゲージメント

　ここ 10 年くらいに登場するようになった顧客エンゲージメントという概念は，大別すると三つの潮流がある（青木,2020）。それは，①顧客の心理プロセスに注目したもの，②顧客の心理状態に注目したもの，③顧客の行動に注目したものの三つである。一つ目の心理プロセスに注目した研究は，製品やサービスに満足した顧客が企業にコミットメントするようになり，ロイヤリティを高めるという一連のプロセスを顧客エンゲージメントと定義している（Bowden, 2009）。二つ目の顧客の心理状態に注目した研究は，顧客エンゲージメントが，認知・感情・行動の三要素から構成されるものとした（Brodie et al.,2011）。三つ目の顧客の行動に注目した研究は，三要素の中でも顧客の認知や感情は考慮せず，顕在化した顧客行動に注目したものであり（van Doorn et al.,2010;Verhoef et al.,2010），測定や操作の簡便さから，行動に注目した研究が現在顧客エンゲージメントでは主流である。それに従えば，顧客エンゲージメントとは，購買以外の部分で行われる顧客の企業に対する貢献行動のことと定義される。そして，顧客エンゲージメントの概念を用いてスポーツの文脈において説明したものが，ファンエンゲージメントである（Yoshida et al.,2014）。ファンエンゲージメントとは，購買以外の部分において行われるファンのクラブに対する貢献行動と定義できるだろう。ファンエンゲージメントの具体的な行動（以下ファンエンゲージメント行動と記す）は第 1 節第 3 項で説明を行うが，①開発支援（Co-creation=共創），②口コミ（word of mouth=WOM），③新規顧客紹介（refferal=レファレル），④他の顧客支援（顧客相互支援，C2C）である。本章では，ファンエンゲージメント行動を

促すためにクラブ側が行う SNS の効果的運用の事例について紹介する。

1. 事例検証：大和シルフィードの SNS 戦略

　ファンエンゲージメント行動を促すための方策の一つである SNS の効果的な運用によって，直接観戦といったスポーツ消費行動へと影響を与えうる可能性を検証すべく，プロスポーツビジネスにおける事例を検証する。

（写真提供：大和シルフィード株式会社）

（1）　ソーシャルメディアのプロモーション戦略としての側面

　小規模マーケットを対象とし，予算に限りのあるクラブのマネジメントにとって，自社運用できる効果的なプロモーションツールを安価に確保し活用することは，重要なプロモーション戦略の一つである。

地域密着を掲げるプロ野球チームを対象にした，顧客の開拓に影響を及ぼすマーケティング戦略に関する研究（Wada and Matsuoka, 2016）によると，顧客維持と新規顧客の獲得のためのツールの一つとして重要視されているのが「メディア」である。

　ニュース源の一つであるチームとメディアとの関係性は，クラブのマーケティング戦略の意思決定に影響を及ぼすが，首都圏近郊でメディアに露出する機会が得難い場合，メディアに変わるプロモーションツールを活用して，積極的に補う姿勢が不可欠である。また，地方都市に本拠地を構える場合は，試合の結果のみならず，チームや選手に関することが地方局，地方紙といった地域メディアによって日々取り上げられる重要性について言及している。言い換えるとSNSの急速な普及により，特別な編集技術や機材がなくともプロの品質に準ずる動画および静止画を制作でき，企画から撮影，編集，配信およびコメント機能を管理できる上，速報性が高く随時配信が可能なSNSは，運用者と制作者次第で非常に強力なプロモーションツールとなるといえるであろう。

　さらに，2020年の新型コロナウイルスの世界的な流行により，プロスポーツにおいては，無観客試合の開催の段階から，ようやくソーシャルディスタンスを保ちながら有観客試合も行われるようになった。しかしながら，スタジアムを満員にするといったことは当面実行が困難である。Jリーグの村井満チェアマンはコロナの脅威を「分断」と表現したが，まさしくこの状況はクラブとファン（観戦者）の「分断」の危機である。クラブがファンと直接コミュニケーションをとることができる機会であるスタジアム観戦（直接観戦）の減少を補完する役割として，ファンと効果的にSNSを通じたコミュニケーションをとることや，映像によるファンへの試合観戦の場（間接観戦）を提供してファンエンゲージメントを高める取り組みに注力していることは，必然の流れといえるであろう。

（2）ソーシャルメディアと消費者行動

　人々の消費行動を説明するモデルとして，これまでAIDMAやAISAS（株式会社電通の登録商標）があった。ソーシャルメディア時代の2011年には，新しい生活者消費行動モデルとしてSIPS（株

式会社電通の登録商標）が提唱された（電通モダン・コミュニケーション・ラボ，2011，図表 13-1）。このモデルは，ソーシャルメディアを介して友人・知人から知り得た情報内容に「共感する（Sympathize）」ことが起点となっている。共感した内容の真偽を「確認する（Identify）」，そして自分の価値観や情報の有益性を考慮した上で，「いいね」や「リツイート」することにより「参加する（Participate）」，結果として自分の友人・知人やフォロワーと情報を「共有・拡散する（Share & Spread）」と説明した概念である。

　これまで芸能人や有名人，アスリートといった世間に与える影響が大きい人たちはインフルエンサー（Influencer）と呼ばれてきた。しかしインターネットのメディアにおいて，特に SNS を中心とする消費者発信メディアが情報伝達の中心になってきた昨今，インフルエンサーは多くのフォロワーを持つオピニオンリーダーを指すことも多く，インターネット上で消費者の購買意思決定に影響を与える人物と定義できよう。そのようなインフルエンサーでなくとも，SIPS の起点である「共感する」ためには「リアルで親近感のある表現」（福田,2017）が必須で，アスリートならばなおのこと重要である。

図表 13－1　SIPS: ソーシャルメディア時代の消費行動モデル

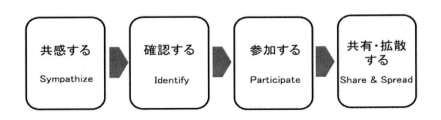

電通モダン・コミュニケーション・ラボ　（2011）

167

チーム公式 YouTube チャンネルを起点とするソーシャルメディアならば，SIPS の「共感する」ための「リアルで親近感のある表現」に迫りやすく，信ぴょう性も担保するため，「確認する（Identify）」過程を越えやすい。また，ファンエンゲージメント行動の非商業的外向性とも一致する。さらにチームが運用することで，クラブが内容をチェックした上で動画を配信し，投稿されたコメントを管理することにより，原田（2017）が指摘する「誤った情報の拡散，肖像権や著作権の侵害，なりすましなど」といったソーシャルメディアの課題を一定程度カバーしやすい点においても，クラブにとって SNS の積極的運用はおおいにメリットがある。

　そこで，次項から大和シルフィードの SNS 戦略，主に公式YouTube チャンネルの動画制作プロジェクトによるファンエンゲージメント行動の促進を狙いとした取り組みについて詳細に解説を行っていく。

（3）　大和シルフィードの SNS 戦略

　大和シルフィードは，1998 年に発足した女子サッカーチームでプレナスなでしこリーグ 2 部に所属する（2020 シーズン）。本拠地は神奈川県のほぼ中央にある大和市（人口約 23 万人）で，ホームスタジアム「大和なでしこスタジアム」（小田急江ノ島線/相鉄線：大和駅より徒歩 5 分）を構え，大和市を中心として，海老名市，綾瀬市，座間市，藤沢市などにおける周辺エリアがマーケットエリアである。本プロジェクトの対象試合は，2020 プレナスなでしこリーグ 2 部において開催された大和シルフィード戦全 18 試合である。

①　動画制作プロジェクト　概要

　本件は，ファンエンゲージメントを目的とした，大和シルフィード YouTube 公式チャンネルで無料公開する動画の制作依頼を，桐蔭横浜大学スポーツ健康政策学部の学生有志が受けて，動画制作チームを発足させ始まったものである。2020 シーズンの全 18 試合を前期・中期・後期に分け，スポーツキャスター・DJ 兼テレビ・ラジオ番組制作ディレクターであり，プロスポーツチームで運営実務経験（広報・事業企画など）があるスポーツビジネス専攻の教員か

らインタビュースキル，演出・意図，および編集指導に関するフィードバックの機会を設け，より直接観戦に近い動画の品質向上を図るとともに，ファンエンゲージメント行動の促進を目的としたソーシャルメディアマーケティングの可能性を模索する実践の場とした。補足として，2020 シーズン現在，大和シルフィードのチーム公式 SNS は YouTube チャンネルの他に Twitter，Facebook，Instagram，Blog がある。

② チーム公式 YouTube チャンネル動画の制作指針

　スポーツのテレビ実況中継を例にあげると，全国放送の主要テレビ局において制作者は，両チームに対し常に公平な立場であることが前提である。アナウンサーも公共の電波をお借りして実況するという意識を欠かしてはならない。どちらかのチームに肩入れするようなコメントはせず，両チームの映像量と情報量も極力平等で，勝者と敗者も平等に讃えるスタンスである。次にどちらかのチーム，例えば，神奈川県のチームならば神奈川県の独立テレビ局が神奈川エリアのみに放送するいわゆる応援実況の場合でも，地元チーム 7 に対して対戦チーム 3 程度（若干の幅はあるが）の立場である。よって，本件は，チームが運営する公式チャンネルが最も肩入れをしている立場として制作にあたって良い。

　ただし，注意点は 3 つある。まず，常に対戦チームに対するリスペクトと感謝の念を忘れないこと，次に，将来のファンになりうる，あるいはスポーツの知識がない初視聴者や SNS 特有のなんとなく辿り着いて眺めているだけの視聴者を意識し，データに基づいたチームや選手の現状情報を明瞭簡潔に提供し続けること，最後に，メディアは必要とするが，クラブ経営者や監督は出したくない情報の違いを理解し，情報の漏洩やのちの炎上に繋がりそうな情報に注意を払うことである。例えば，選手の怪我の状態や選手の個人情報を推測できるものである。

③ 指導内容の決定手順

　本件では，基礎的な映像制作ノウハウとインタビュースキルに加え，スポーツマーケティング指導の一環として，顧客エンゲージメ

図表 13-2　顧客エンゲージメントの行動

①　開発支援（Co-creation＝共創） 企業に対して顧客が新製品のアイデアや既存の製品やサービスの改善点等について示唆を与えることにより，製品やサービスを企業と共創する。顧客に共創を促すには，企業が金銭的な報酬または社会的な報酬が必要。
②　口コミ（word of mouth＝WOM） 消費者間で共有されるある製品やサービスについての意見や利用経験後の評価を発信したもの。「いいね」や「シェア」。
③　新規顧客紹介（referral＝レファレル） 新規顧客が既存顧客によって動機づけられた結果，取引を開始した事象。レファレルによって新規顧客になった場合，長期にわたって顧客であり続ける可能性が高い。
④　他の顧客支援（顧客相互支援，C2C） 顧客は顧客同士のコミュニティーにおいて，他の顧客に自分の知識や技術を提供する支援行動が可能であり，この支援行動は支援を受けた顧客の購買や，口コミ，別の顧客に対する支援行動を促進する。企業は顧客間の支援行動を活発化させるため，顧客を教育し，顧客同士がサポートしあえる場を設けることが必要。

青木（2020）を参考に作成。

ントの行動（青木,2020，図表 13-2）の中でも，SNS に欠かせない②口コミ（word of mouth＝WOM）を促す編集・演出に重きを置き，④他の顧客支援（顧客相互支援，C2C）の要素となるチームや選手に関する情報つまり「知識」を提供すること，を指導ポイントとした。よって本項ではスポーツマーケティング領域に絞って解説を進める。

④　特記事項

　プロジェクト開始当時はコロナ禍によって無観客試合が決定し，有観客試合再開の目処がついていない混乱状態にあった。さらに制作者はスポーツ映像制作の経験が少ない大学生であり，プロジェクトを長期的に運営させるためには，毎年制作者が変わっても動画の

品質に大きな差が生まれず，プロジェクト業務が学業の妨げにならない程度にする必要がある。よって，品質基準を「無料動画ならば試合の概要とポイントを理解するのに必要十分な情報量と映像」とし，メインコンセプトを「直接観戦の代替ツール（直接観戦の補完的役割＝間接観戦の質向上）として機能させる」に据え，目標の優先順位を「1. 主にチーム，選手および試合情報の提供」「2. 共感（親近感）を引き出すインタビュースキル」『3. SNS でしか得られない「ファンへのより直接的なメッセージ」を引き出す』順とし，この3つの目標の達成を目指した。以下，「試合ハイライトおよび映像の編集」と「インタビュースキル」に分けて解説を進める。

（4）試合ハイライトおよび映像の編集

図表 13-3 は，試合ハイライトおよび映像の編集に関するフィードバックをまとめたものである。主な指導目的を「直接観戦の代替ツール(直接観戦の補完的役割＝間接観戦の質向上)として機能させる」として，以下 4 試合を中心にフィードバックを行なった。

① （前期）第 2 節 vs.十文字

前期は，動画構成の組み立てに至っていないと判断したため，簡易な文字情報の修正と追加に留めた。（社会人でも構成を一人で組み立てられるようになるには時間を要する）よって，インタビューのフィードバック内容を学ぶことで，構成の組み立てに繋がる基礎的な指導内容に終始した。

次回の課題：勝敗の分かれ目（場面）の回答を，より具体的かつピンポイントに引き出す。

② （中期）第 5 節 vs.世田谷および第 6 節 vs.ニッパツ

総評：試行錯誤しながらカメラ位置や扱い方，必要な画を理解し始めたことが伺える。分かりやすさに絞った回，時系列の流れを追う回，読みやすい文字情報など積極的なトライ＆エラーは非常に良い。ただ毎回構成や文字情報，オープニングとエンディングが大きく異なると不安定な印象を視聴者に与えるため，シーズン後半に向けてメンバー内で一定のフォーマット統一を図る時期ではないか。

中期は，本件の目的や意図を再度，制作者自身が考えて「気づく」ことに重きを置き，より自発的な取材姿勢に変容するよう促した。

次回の課題：公式 YouTube チャンネルと他メディアとの比較検証。目的，対象者（ターゲット），何ができて，何ができないか（対スポンサー，対視聴者，制作者意図や表現方法）。

③（後期）第 15 節 vs.AC 長野

総評：所期の目標と基準を充分に達成したと判断した。試合構成や，クラブマネジメントにおける SNS の役割を逆算して考えられている。そのために必要な情報を「端的に表現できる画は何か」を取捨選択できるようになったことは素晴らしい成長である。文字情報に頼らず，画で視聴者に理解させるというのはプロにも通用する構成力である。引きと寄りの構図（サイズ）も的確で，全ての画に意味があり，その意味を説明できるところまで制作力が向上したことが伺える。

後期は，動画制作チームの著しい成長が伺えたため，最終戦に向けての準備と次シーズンへの反省と課題を考える機会にあてた。

最終戦に向けての課題：次シーズンに向けて直接観戦者とリモート観戦者へメッセージ性を込めたどのようなシーン（画）が必要か。そのためにどのような準備が必要か。

① 　第 2 節 https://www.youtube.com/watch?v=-mJEDSYwdg4
　　0:00〜2:49/全尺 2:49
②-1 第 5 節 https://www.youtube.com/watch?v=WcoE47JY-hY&t=16s
　　0:35〜1:38/全尺 6:31
②-2 第 6 節 https://www.youtube.com/watch?v=DOLZoAEi-RA
　　0:00〜2:28/全尺 4:58
③ 　第 15 節 https://www.youtube.com/watch?v=CnmGpYPvJfg
　　0:00〜7:33/全尺 11:42

図表 13-3「試合ハイライトおよび映像の編集」フィードバックのまとめ

	試合	制作者の向上点	教員のフィードバック
前①			文字情報の修正・追加。文字とロゴの位置や大きさ。コメントフォローの有無。
中②		-1 状況説明の文字情報。 →ポイントが明瞭簡潔 →理解しやすさへ	間接観戦の質を高める（＝直接観戦に近い）のはどちらの動画だろうか？そう考える理由は？
		-2 試合の流れやスタイリッシュさを重視。 →文字情報は最小限に →画で状況説明	
後③		フォーマットが安定。クラブ経営者の意図（スポンサーメリット，マーチャンダイジング，応援幕）をフォロー。スタメンボードや試合開始までのセレモニーなどが凝縮され，直接観戦のポイントを網羅できた。	ハイライトの尺が冗長か。 試合中の最低限の文字情報は，視聴者が試合の流れを理解する上でやはり必須。

（5）インタビュースキル

　図表 13-4 は，インタビュースキルに関するフィードバックをまとめたものである。主な指導目的は「共感（親近感）を引き出すインタビュースキル」『SNS でしか得られない「ファンへのより直接的なメッセージ」を引き出す』として，以下 4 試合を中心にフィードバックを行なった。

① （前期）第 2 節 vs.十文字

　スポーツ現場のインタビュアーとして基本的な 1.質問内容（試合後の第一声，試合前の状況，試合の流れの振り返り，勝敗を決めたポイント，選手の個人成績や調子と今試合との関連，次の試合へ向けて，ファンへのメッセージ），2.予習すること（チーム，監督，選手，対戦チームの詳細な情報），3.取材の心構えを指導した。

　次回の課題：勝敗の分かれ目（場面）の回答を，より具体的かつピンポイントに引き出す。

② （中期）第 8 節 vs.オルカおよび（中期）第 9 節 vs.十文字

　総評：「試合の流れの振り返り」「インタビュー対象選手のプレーの調子や個人成績と、今試合内容を絡めた質問」が回を追うごとに具体的になり，インタビュー動画だけで試合経過がイメージできるようになった。

　中期は，前期のフィードバックが充分にいかされ成長が伺えた。よって，本件の目的や意図を再度，制作者自身が考えて「気づく」

ことに重きを置き，より自発的な取材姿勢に変容するよう促した。

　次回の課題：公式 YouTube チャンネルと他メディアとの比較検討，スポンサー，対視聴者，制作者意図や表現方法）。

③ 第 15 節 vs. AC 長野

　総評：敗戦試合後もコメントを取らなければならないことは，辛いところでもあり，敗戦でもファンに応援してもらう機会創出の糸口にもなる。これらのコメントをいかに次の試合の直接観戦を促す演出に結びつけるかが課題である。

　後期は，動画制作チームの著しい成長が伺えたため，最終戦に向けての準備と次シーズンへの反省と課題を考える機会にあてた。

　最終戦に向けての課題：次シーズンに向けて直接観戦者とリモート観戦者へどのような監督と選手からのメッセージが必要か。そのためにどのような質問が必要か。

　SNS の面白くも難しい点は，語学同様に，人と人をつなぐツール

に過ぎず，重要なことは人としての魅力や思いそのものではないだ
ろうか。前期に，昭和の匂い漂う「足で信頼を稼ぐ」（時間をかけ
てコミュニケーションを図り，自身の仕事ぶりと人となりを相手に
判断していただき信頼を得る）という心構えについてフィードバッ
クをした。インタビューされる立場になって初めて気づくことに，
インタビュー対象者は他人に見られる恥ずかしさの中で眩しいラ
イトを当てられ，マイクを口元に突きつけられる。それにも関わら
ず，のけぞらずに無機質なカメラのレンズに向かって話さねばなら
ないため，心理的に非常に抵抗感があり，インタビューに苦手意識
を持つ人が多いのは当然である。メディアトレーナーというインタ
ビュー指導の専門家もいるほどだ。実際，インタビュー対象者はカ
メラの近くに立つインタビュアーに向かって発言するため，両者間
の信頼関係や，インタビュアーの穏やかな聴く姿勢と表情は，質の
高いインタビュー動画を得るために非常に重要な要素となる。あな
たが写真を撮られる時にシャッターを押す相手が，笑顔の交際相手
か証明写真ボックスの機械かの違いと言えばイメージできるだろ
うか。

① 　第 2 節 https://www.youtube.com/watch?v=-mJEDSYwdg4
　　0:48〜2:49/全尺 2:49

②-1 第 8 節 https://www.youtube.com/watch?v=_J4XL9JUh3I&t=24s
　　4:55〜7:07/全尺 8:31

②-2 第 9 節　https://www.youtube.com/watch?v=Wnyl4rcn2lg
　　1:18〜2:08/全尺 3:52

③ 　第 15 節 https://www.youtube.com/watch?v=CnmGpYPvJfg
　　9:03〜10:39/全尺 11:42

図表 13-4 「インタビュースキル」フィードバックのまとめ

	試合概要	制作者の向上点	教員のフィードバック
前 ①			1. 質問内容 2. 予習内容 3. 心構え
中 ②		-1 インタビュー前に今期初の有料試合と分かる観戦席の画があるため，ファンへのメッセージが効果的に伝わる（直接観戦への促し）。 インタビュアーが取材に必要な知識を事前に勉強しいかそうとする姿勢が伺える。質問をいかした編集と，それを受けた監督のリアクションも良い。	質問にオリジナリティーを加えても良い時期。
		-2 選手今季初得点の振りが効果的で，選手の嬉しそうな顔が印象的（＝親近感）。	もっと喜びの表情《＝親近感（親しみ）》をアップで長く見たい。
後 ③		反省と課題をもれなく引き出せるようになったことは大きな成長。 試合の心理戦と状況推移がインタビューだけで十分に伝わる。試合ハイライト映像と連動させればより良い。	インタビュー対象者の目線の切り替え（メリハリ）は大切。ファンへのコメントはカメラを直視して発言してもらう時に限る。より「ファンへ向けたメッセージである」ことを印象付ける公式チャンネルにしかない演出。選手の目線の誘導を。

2020 シーズンの「いいね」や「高評価」数の推移と，第 8 節からの有料観戦者数を踏まえて，
（１）　どのようなことが読み取れますか。
（２）　有観戦者試合が完全復活した後，SNS によるリモートのみの観戦者をどのように直接観戦に促せばよいでしょうか。
（３）　有観戦試合が完全復活した後，公式チャンネルとその他 SNS はどのような運用や連動が有効だと考えますか。

（写真提供：大和シルフィード株式会社）

2．成果と課題

　若年世代を中心に利用方法そのものが複雑化しているウェブマーケティングの効果的な運用を考えた場合，ウェブサイトや SNS を「導入」するだけでは不十分であり，ターゲットに応じた効果的な運用を常にリフレッシュして，顧客とコミュニケーションを取る必要がある。この点を踏まえると，大和シルフィードはプロに動画制作を委ねず，マーケットエリアに属する若者，つまり地元の大学生に動画制作を依頼し，効果的な運用を常にリフレッシュしながらトライ＆エラーによる「実験」を行ったことは経営面から考えても合理的であり，経営者の創意工夫が伺える。この試みにより，クラブは動画制作者を安価で得られるだけでなく，SNS メインターゲット層である 10～20 代の新規顧客開拓のきっかけも得ることができ

る。大学生は自らがクラブの重要なコンテンツを手がけたことそのものが誇りとなり，ファンに共有され「バズる」過程を実感していくことや，クラブの選手，監督やスタッフから信頼され人脈が広がることにより，ファンエンゲージメントの貢献活動による社会的報酬を得たといえるのではないだろうか。

　Facebook の創業者マーク・ザッカーバーグが大学在籍中の 19 歳で Facebook を開発したように，若者の感性を取り入れ，トライ＆エラーを試み，それらを柔軟に受け入れながらクラブ独自のコンテンツを築いていくことは，今後のソーシャルメディアマーケティングの糸口を見出す可能性を秘めている。クラブが地元大学生と共同でコンテンツを制作し，若者の職業経験の場作りに一役買っていることを打ち出せば話題になり，「スタジアムにいる YouTuber お兄ちゃんお姉ちゃん」というコンテンツになる。「with コロナ」時代においては，顧客エンゲージメントの行動の一つである「口コミ（word of mouth ＝ WOM）」のみならず，コメント欄上のファン同士のやりとりや複数の SNS を連動させることで「他の顧客支援（顧客相互支援，C2C）」の補完的役割としてより発展させる試みも必要であろう。今後のクラブの SNS 運用に引き続き注目したい。

3．まとめと今後の展望

　プレナスなでしこリーグ 2 部所属の大和シルフィードの SNS 戦略を事例に，ファンエンゲージメント行動の促進を目的の一つとしたソーシャルメディアマーケティングの可能性を模索した。本件は，チーム公式 YouTube チャンネルを「直接観戦の代替ツール（直接観戦の補完的役割＝間接観戦の質向上）として機能させる」ための動画品質向上を最大の目的とし，大学生の動画制作チームと，スポーツビジネスと映像制作のプロ間でフィードバックを重ねた。結果，クラブはソーシャルメディアマーケティングの可能性の模索，コストパフォーマンスの高いプロモーションツールとコンテンツ，および 10〜20 代の新規顧客開拓の糸口を手に入れ，大学生は研究テーマの実践，職業体験および貴重な人脈の構築という社会的報酬が得られた。

21世紀に入り，IT産業が猛烈な勢いで発展をみせる中，新しいマーケティングパラダイムが出現し，それがスポーツ産業において有効に活用される時期が到来した。Web1.0：1995年〜2005年（ホームページ時代，例：Yahoo!，Googleの登場）／Web2.0：2005年〜2018年（SNS時代，例：YouTube，Facebook，Twitter，Instagram）／Web3.0：2018年〜（ブロックチェーン時代），と定義するならば，Web3.0への過渡期である昨今，ソーシャルメディアマーケティングにエンゲージメントという新しい概念を掛け合わせた本プロジェクトの取り組みに，さらに若者の活力を加えられたことは，意義のある挑戦といえるであろう。

　本章執筆時は世界的に新型コロナの感染第二波が押し寄せ，フランスとイギリスは2度目のロックダウンに入った。我が国では今なお「with コロナ」時代の運用手法を模索しており，未曾有の危機の最中である。コロナ禍を凌ぐためだけの策ではなく，「After コロナ」時代を見据えた，直接観戦といったスポーツ消費行動を促進させるためのより緻密かつ新しいソーシャルメディアマーケティングが早急に求められている。

＜参考文献＞

青木哲也（2020）顧客エンゲージメント・マーケティングに求められる視座-顧客保有資源とエンゲージメント対象-. マーケティングジャーナル, 40 （1）：79-84.

Bowden, J.L.-H.（2009）The process of customer engagement: A conceptual framework. Journal of Marketing Theory and Practice, 17（1）:63-74.

Brodie,R.J., Hollebeek, L,D., Juric, B.,and Ilic, A.（2011） Customer engagemen t: Conceptual domain, fundamental propositions, and implications for research. Journal of Service Research, 14 （3）:252-271.

福田晃一 （2017） 買う理由は雰囲気が9割〜最強のインフルエンサーマーケティング〜. あさ出版.

原正紀（2010）インタビューの教科書. 同友館.

原田宗彦（2016）進化するスポーツ産業. 原田宗彦編, スポーツ産業論第6版. 杏林書院, pp.14-16.

原田尚幸（2016）スポーツとソーシャルメディア. 原田宗彦編, スポーツ産業論第6版. 杏林書院, pp.222-232.

一般財団法人 NHK 放送研修センター・日本語センター（2016）誰からも好かれる NHK の話し方. KADOKAWA.

van Doorn, J., Lemon, K.N., Mittal,V., Nass, S., Pick, D., Pirner,P., and Verhoef, P.C.（2010）Customer engagement behavior: Theoretical foundations and research directions. Journal of Service Research, 13（3）:253-266.

Verhoef, P.C., Reinartz, W.J., and Krafft, M.（2010）Customer engagement as a new perspective in customer management. Journal of Service Research, 13（3）:247-252.

Wada, Y. and Matsuoka, H.（2016）Community-based management: Developing the fan base of professional baseball teams. International Journal of Sport and Health Science, 14:31-40.

Yoshida, M., Gordon, B. S., Nakazawa, M., and Biscaia, R.（2014）Conceptualization and measurement of fan engagement: Empirical evidence from a professional sport context. Journal of Sport Management, 28:399-417.

＜参考 URL＞

朝日新聞デジタル（2020）コロナ禍、徹底的に結束する時 中断する J リーグ，村井チェアマンに聞く．
https://www.asahi.com/articles/DA3S14476486.html
（参照日 2020 年 10 月 29 日）．

電通サトナオ・オープン・ラボ（2011）SIPS :来るべきソーシャルメディア時代の新しい生活者消費行動モデル概念．
https://www.dentsu.co.jp/news/release/pdf-cms/2011009-0131.pdf
（参照日 2020 年 11 月 3 日）．

Insta Lab （2019）インフルエンサーとは?.
https://find-model.jp/insta-lab/about-influencer/
（参照日 2020 年 11 月 1 日）．

大和シルフィードホームページ．
https://www.yamato-sylphid.com （参照日 2020 年 9 月 4 日）．

（丸　朋子・大多和　亮介・齋藤　れい）

第 14 章
スポーツツーリズム

1. スポーツツーリズムとは

(1) スポーツツーリズムの概要

　「スポーツツーリズム」とは，「スポーツ」と「ツーリズム（観光）」を掛け合わせた言葉であり，定義は様々あるものの，一般的には「限定された期間で生活圏を離れスポーツをベースとした旅行をすること。そのスポーツとは，ユニークなルール，優れた技量を基にした競技，遊び戯れるという特質で特徴付けられたもの」（Hinch & Higham, 2001）を指す。人のスポーツとの関わりは，実際にプレーを「する」，トップレベルの競技大会やプロスポーツの試合を「みる（観戦する）」，指導者やスポーツボランティアとして，または多様なスポーツ組織に従事するといった立場からスポーツを「ささえる」という 3 つの分類がある（文部科学省, 2010）。近年ではスポーツ庁（2017）において，第 2 期スポーツ基本計画に示されているように，スポーツは競技として限界へ挑戦するものだけでなく，健康や仲間との交流など（具体例として散歩やダンス，健康体操，ハイキング，サイクリング等），多様な目的で行われるものまでを広義にとらえ，スポーツに関与するスポーツ参画人口を増やそうとする動きが活発化している。では，スポーツとツーリズムには，どのような関わりがあるのだろうか。「する」「みる」「ささえる」スポーツとツーリズムの関係について，観光庁が 2010 年に開催した「第 1 回スポーツ・ツーリズム推進連絡会議」では，「スポーツ観光」という表現を用い，以下のように分類されている（観光庁, 2010）。

図表 14-1　スポーツとツーリズム（観光）の関わり

「観るスポーツ」と観光
アウェーの野球観戦者が周辺の観光を楽しみ，また観光客が滞在プランの一つとして野球観戦も加えることで，旅そのものの充実のほか，プロ野球の振興，そして地域活性化を目指す。
「するスポーツ」と観光
市民マラソン参加者が応援の家族と共に周辺地域の観光を楽しみ，また観光客が入浴前の一汗としてテニス等に勤しむことにより，旅そのものの充実のほか，健康の増進，スポーツ施設の有効利用，スポーツ用品・ファッションの需要喚起，そして地域活性化を目指す。
「支えるスポーツ」と観光
スポーツチームの地域経営や市民ボランティアとしての大会支援，地域や国を挙げての国際競技大会・キャンプ（スポーツ合宿）の誘致により，交流人口の拡大，地域活性化，地域・国の観光魅力の効果的発信を目指す。

　この分類からも分かるように，スポーツツーリズムには，スポーツを旅行の第一目的としたもの，第二目的としたもの，または旅先で偶然スポーツ活動を知って参画するような第三目的（偶発的）としたものが存在する（Hinch & Higham, 2001）。旅先でスポーツに関わる旅行者（スポーツツーリスト）の観点からは，「するスポーツと観光」には，上記に挙げられているようなレクリエーションとしてスポーツを楽しむ人だけではなく，プロスポーツ選手などのエリート競技者やチームに所属する監督やコーチ，トレーナーなどのスタッフも含まれることになる。また，こうした分類の他にも特定のスポーツ施設を訪問するという動機で行われるスポーツツーリズム（スタジアムツアー等）も，欧米を中心に広がっている。

　全国各地で大小様々なスポーツイベントが開催されるようになり，人々の動きをつくり出すスポーツツーリズムの発展は，スポーツツーリスト達の目的地となる地域を大いに活性化させる可能性を秘めている。次節では，どのようにスポーツツーリズムが発展し

てきたのかについて，その背景をみていく。

（2） スポーツツーリズムの発展

　まず，日本で観光振興の機運が高まった背景には人口減少という
根本的な課題がある。2008 年をピークに日本の人口は減り続けて
おり，2053 年には 1 億人を割ることが想定されている（国立社会
保障・人口問題研究所, 2017）。特に，地方都市を中心に 2040 年に
は全国約 1,800 市町村のうちの半分にあたる約 900 もの自治体が人
口減少によって消滅してしまうというデータもある（増田, 2014）。
人口減少に対する対策の一つとして，定住人口に代わって地域の経
済消費を支える交流人口，つまり各地を訪れる国内外からの観光客
の増加が見込まれているのである。観光庁（2016）によると，定住
人口一人当たりの年間消費額は約 124 万円であり，それは国内の日
帰り旅行者 79 人分，国内の宿泊を伴う旅行者 25 人分の消費に換算
することができる。外国人旅行者に至っては，たった 8 人を地域に
呼び込むことで，その土地の定住人口一人当たりの消費額に相当す
る経済消費をまかなうことができると示されている。島国である日
本は，このようなインバウンド（訪日外国人旅行者）市場にも着目
し開拓することによって，人口減による地方経済の衰退を食い止め
ようとしている。このような訪日外国人旅行者は，「短期移民」と
いう表現もされているように（アトキンソン, 2015），観光振興は，
人々が定住しなくても交流人口によって確実に地域経済を支える
ことができる一手と考えられてきた。
　スポーツツーリズムが注目を集め出したきっかけであり，特に多
くの人を動かす装置として機能してきたのが，メガスポーツイベン
トと呼ばれる大規模国際スポーツイベントである。FIFA ワールド
カップ，ラグビーワールドカップ，オリンピック・パラリンピック
競技大会等のメガスポーツイベントの開催地域には，出場する選手
やスタッフ関係者の他，自国代表チームの応援のために世界中から
観戦者が訪れ，多くの交流人口が増加することになる。さらに，開
催地域周辺においても，出場国の代表チームが事前合宿を行い，地
元住民とも交流を行う様子も見られる。スポーツを基軸としてツー
リストを誘客するこの考え方は，メガスポーツイベントだけでなく，

国内の各地域で開催される観戦型スポーツイベントや参加型スポーツイベントにも応用されている。先の分類にもあるように，ホーム＆アウェー方式を採用する国内のプロスポーツリーグの発展によって，プロチームの存在する地域には多くのアウェーファンが訪れるようになった。また，今や参加型スポーツイベントの代表格となり全国に広がった都市型マラソンイベントでは，多くのランナーや大会ボランティアが地域外から集まり，同時に地元住民の沿道の応援が大会を盛り上げている。

　2012 年には日本スポーツツーリズム推進機構（JSTA）が設立され，スポーツ・観光関係者が一体となって各地域におけるスポーツツーリズム振興を支援する組織が誕生した。JSTA は 2015 年に設置されたスポーツ庁とも連携し，スポーツツーリズムに取り組む全国的ネットワーク構築，地域プラットフォーム形成支援，国際スポーツイベント等の誘致開催に関する支援など，多くの事業によって日本のスポーツツーリズム推進に寄与している。さらに近年では，スポーツツーリズムの文脈で日本特有の魅力を観光資源化する動きもある。スポーツ庁が 2018 年に発表した「スポーツツーリズム需要拡大戦略」では，「アウトドアスポーツツーリズム」と「武道ツーリズム」が重点テーマに設定された。日本が世界に誇る風光明媚な自然を舞台にしたスポーツアクティビティや，日本発祥の伝統的な柔道や剣道などの武道や大相撲の体験・観戦が世界からも非常に高い関心を集めているのである。後述するが，全国各地ではこれらの資源をいかに発掘し，地域の受け入れ体制を整え，円滑に活性化させていくかがポイントとなっており，それに応じた組織づくりも行われている。

　時代の流れとともにモノがあふれる世の中になり，物品の機能的価値を消費する「モノ消費」から，一連の体験として情緒的価値を消費する「コト消費」への転換が顕著になった（経済産業省，2015）。訪れた場所で，体験を伴うスポーツを様々な形で消費する（する，みる，ささえる）スポーツツーリズムでは，まさにこのコト消費を行うことになる。スポーツツーリズムの発展は，日本の従来の観光産業の中でも存在感を増してきているのである。

（3）　スポーツツーリズムと地域活性化

　スポーツツーリズムを推進することによって目的地となる地域が活性化するには，地域に経済的効果・社会的効果がもたらされることが必須である。ここでいう地域への経済的効果・社会的効果は以下のようなものが挙げられる（堀ら，2007; スポーツ庁，2018）。

図表 14-2　スポーツツーリズムによる地域への経済的・社会的効果

地域への経済的効果	地域への社会的効果
・スポーツツーリスト・合宿参加者の滞在に係る観光消費 ・スポーツアクティビティの参加料収入 ・施設・都市インフラの整備 ・スポーツをテーマとした商工業の振興	・スポーツのまちとしてのアウターブランディング ・地域アイデンティティ，地域一体感の醸成 ・コミュニティ形成 ・地域スポーツ人口・関心層の拡大 ・季節・年間を通じての誘客による従事者の雇用安定 ・人材育成 ・他地域との交流促進 ・まちづくり組織の育成

　当然，スポーツイベントの開催に付随したスポーツツーリズムでは，そのイベントの規模によってこれらの効果の大きさは異なってくる。両効果の中でも，定量化しやすい経済的効果は，よくニュースや報告書などで目にすることが多いだろう。しかし，その算出方法は様々であり，長期的な視点を含んでいないことから経済的効果のみを指標とするのは適切ではないという主張も多くある（Crompton, 2004; 堀ら，2007; 原田，2008）。その一方で，実態としては捉えがたい社会的効果の創出が重要であることから，両方の効果を連動して生み出せるようにイベントをデザインしなければならない。社会的効果に関しては，近年では多様な研究も蓄積されている。スポーツツーリストを受け入れる地域において，イベント開催地域の住民がどのように社会的効果を認識しているのか（押見，

2020）や，地域を訪れたスポーツツーリストが，その地域にどのような　イメージを抱いたか（山口，2019）などが例に挙げられる他，社会的効果を定量的に評価することを試みる指標も開発され始めている（『社会的インパクト評価ツールセット：スポーツ』）。

　　注意しなければならないのは，地域が持続的に活性化されていくためには，スポーツツーリストを受け入れる地元の人々が主役でなければならないことである（『Wedge』第 32 巻第 1 号）。地元の人々がスポーツツーリズムの重要性を理解し受け入れ体制を整えること，参加型スポーツイベントであれば地元の人々にも積極的に参加してもらうことなども重要になってくる。環境や文化に対しても配慮することが必要であり，アウトドアスポーツツーリズムであれば自然資源の保護や配慮は必須であるし，武道ツーリズムであれば過度なエンターテインメント化による文化的歪曲が生まれないように留意しなければならない（山口ら，2018; 原田，2020）。

2．スポーツツーリズムの事例

　　本節では，実際に行われているスポーツツーリズムの事例を，「みる」「する」スポーツの側面から考えていきたい。さらに，スポーツツーリズムを長期的・効果的に展開するための地域の連携組織「地域スポーツコミッション」についても紹介する。

（1）　みるスポーツツーリズムの事例：ラグビーワールドカップ 2019

　　2019 年 9 月，世界三大スポーツイベントの一つと言われるラグビーワールドカップが日本で開催された。4 年に一度開催されるラグビーワールドカップは，1987 年に第 1 回大会がオーストラリア・ニュージーランドで開催され，以来ラグビーが盛んなヨーロッパ諸国やオセアニア諸国にて開催されてきた。第 9 回に当たる 2019 年大会はラグビー先進国以外，アジア圏での初開催ということで開催前からも注目を集めた。日本代表チームの初のベスト 8 入りという快挙も相まって，国内でも大きな盛り上がりを見せた。大会期間は 9 月 20 日からの 44 日間であり，12 都市の会場で行われた試合のチケットは連日完売し，代表チームのキャンプを受け入れた全国 61

の自治体での交流イベントの模様が，連日のニュースを賑わせた。
以下の図表 14-3 は，開催都市および試合会場，事前キャンプ受け
入れ自治体の一覧である。

図表 14-3 ラグビーワールドカップ 2019 日本大会開催都市他一覧

開催都市	試合会場
札幌市	札幌ドーム
岩手県・釜石市	釜石鵜住居復興スタジアム
埼玉県・熊谷市	熊谷ラグビー場
東京都	東京スタジアム（味の素スタジアム）*
神奈川県・横浜市	横浜国際総合競技場（日産スタジアム）*
静岡県	小笠山総合運動公園エコパスタジアム
愛知県・豊田市	豊田スタジアム
大阪府・東大阪市	東大阪市花園ラグビー場
神戸市	神戸市御崎公園球技場（ノエビアスタジアム）*
福岡県・福岡市	東平尾公園博多の森球技場（レベルファイブスタジアム）*
熊本県・熊本市	熊本県民総合運動公園陸上競技場（えがお健康スタジアム）*
大分県	大分スポーツ公園総合競技場（昭和電工ドーム大分）*

* （）内は当時の正式名称。ラグビーワールドカップスポンサーとの権益の兼ね合いで、大会関係資料では企業名が外された表記となっていた。

プール	チーム名	事前キャンプ受け入れ自治体
A	アイルランド	市原市、横浜市、掛川市、磐田市、神戸市、春日市
	スコットランド	東京都A、横浜市、浜松市、神戸市・兵庫県、長崎県・長崎市
	日本	東京都B、東京都C、浜松市
	ロシア	さいたま市、埼玉県・熊谷市A、武蔵野市、海老名市、掛川市・磐田市、淡路市・兵庫県
	サモア	山形県・山形市・天童市、埼玉県・熊谷市B、名古屋市、淡路市・兵庫県、福岡県・福岡市
B	ニュージーランド	浦安市、東京都C、一宮市、別府市
	南アフリカ	浦安市、御前崎市、一宮市、神戸市、鹿児島市
	イタリア	静岡市、豊田市、堺市、福岡県・福岡市
	ナミビア	岩手県・宮古市、盛岡市、町田市、豊田市、大阪府・東大阪市、和歌山県・上富田町
	カナダ	岩手県・釜石市、神戸市・兵庫県、長門市、春日市、大分県・別府市
C	イングランド	札幌市B、府中市、東京都C、神戸市、宮崎県・宮崎市
	フランス	府中市、東京都A、富士吉田市・富士河口湖町、春日市*、熊本県・熊本市A
	アルゼンチン	福島県、埼玉県・熊谷市A、東京都B、大阪府・東大阪
	アメリカ	埼玉県・熊谷市B、堺市、福岡県・福岡市、読谷村
	トンガ	札幌市B、埼玉県・熊谷市B、大阪府・東大阪市、堺市、長崎県・島原市、熊本県・熊本市B
D	オーストラリア	北海道・江別市、浦安市、小田原市、東京都B*、東京都C、掛川市・磐田市、別府市
	ウェールズ	東京都B、豊田市、大津市、北九州市、熊本県・熊本市A、別府市
	ジョージア	埼玉県・熊谷市B、御前崎市、名古屋市、堺市
	フィジー	札幌市C、網走市、岩手県・宮古市、大津市、大阪府・東大阪市、大分市
	ウルグアイ	岩手県・釜石市、北上市、埼玉県・熊谷市A、熊本県・熊本市B、大分市

（出典）ラグビーワールドカップ公式HPより抜粋

① ラグビーワールドカップ 2019 日本大会による経済的効果

　組織委員会が発表した開催後経済効果分析レポート（公益財団法人ラグビーワールドカップ 2019 組織委員会, 2020a）によると，大会を通じた経済的効果[1]は 6,464 億円であり，その内訳は観戦客等による消費が 3,889 億円，大会運営費が 1,374 億円，スタジアム等のインフラ整備費が 1,201 億円であった。中でも，観戦客等による消費の内，訪日外国人による消費が全体の実に 89.5%を占める 3,482 億円であったことを鑑みると，このイベントがスポーツツーリズムの誘発装置として大いに機能したことが理解できるだろう。

　さらに，チケットの完売率は過去最高の 99%であり，170 万人以上の動員を数えた。ラグビーワールドカップ 2019 を目的に訪日した外国人は全世界から 24 万人以上にのぼり，ヨーロッパ諸国からが半数以上の 13 万人を占め，次いでオセアニア諸国からが 5 万人を占めた。特筆すべきは彼らの滞在期間の長さであり，平均 16 泊，一人当たりの平均消費金額は約 69 万円であった。その消費額の大きさから，ラグビーが世界の富裕層に親しまれているスポーツであることもわかる。宿泊数の 25%は開催都市以外にも滞在したというデータからも，比較的長い期間日本に滞在し，スポーツ観戦以外にも観光等を楽しんだ人々も多く含まれていた。

　また，ビールを飲むことが盛んなヨーロッパ諸国からの訪日外国人によって，試合会場およびファンゾーン[2]近隣のバーやレストランを中心に，ビールが飛ぶように売れたというユニークな消費もみられた。さらに，試合会場が全国に点在していたことによって，地方出発の日帰りツアーやキャンピングカーのレンタルが急増したとの報告もある（『リベラルタイム』第 19 巻第 12 号）。

② ラグビーワールドカップ 2019 日本大会による社会的効果

　日本代表チームの躍進によって，試合情報や注目選手のキャラクターなどが連日連夜テレビ放映されたり，ソーシャルメディアでシェアされることによって，国民が多くの関心を寄せることとなった。ラグビーにほとんど関心の無かった層も徐々に関心を寄せるよう

---

[1] 直接効果，第一次間接効果，第二次間接効果の合計。
[2] 試合のチケット有無に関わらず入場無料で楽しめる公式イベントスペース。

になり，ラグビーワールドカップの日本での開催自体が，日本人のアイデンティティを刺激したことは間違いないだろう。

　スポーツツーリズムの観点からは，各地域の自治体が受け入れた各国代表チームの事前キャンプによって，各国から訪れたファンと地元住民の国際交流の機会が生まれたことも，地域にもたらされた大きな社会的効果であったと言える。事前キャンプ受け入れ地では，子ども達がニュージーランド代表オールブラックスに歓迎の意を表して伝統の踊り「ハカ」を披露したり，住民がウェルカムパーティを開く中で，各国の国歌を歌いお出迎えをする様子が注目を集めた。試合会場に隣接するファンゾーンを中心に多くのボランティアが参加し，訪れた外国人に日本やその地域ならではの文化体験を提供する様子も多く見られた。受け入れ地では，この機運を一過性のものにするのではなく，訪日外国人に別の機会にも再び地域を訪れてもらえるよう，戦略的にリピーターを獲得する狙いが随所にみられた。

　組織委員会が発行した大会成果分析レポート（公益財団法人ラグビーワールドカップ 2019 組織委員会，2020b）によると，訪日観戦客はラグビー観戦だけではなく，日本食を食べる，ショッピングをする，日本のお酒を飲む，自然・景勝地観光，日本の歴史・伝統文化鑑賞，日常生活体験など，非常に多くのアクティビティを行ったと報告されている。中でも，日本のお酒を飲むことや，日本の歴史・伝統文化の鑑賞，日常生活体験に対する消費については，前年度の 1 年間の訪日外国人の平均値を大きく上回る結果となった。また，行動特性分析においては，訪日観戦客には「アクティビティ満喫型（全体の 28%）」，「日常生活体験型（38%）」，「大会観戦型（19%）」，「定番スポット訪問型（15%）」という 4 つの行動特性があったとしている。日常生活体験型の訪日観戦客が最も多かったことは，ラグビー観戦を第二目的にしつつ，主には日本を周遊することを目的に訪れた人々が多く含まれていたことを示唆している。試合会場やファンゾーンでインタビューを受けた外国人が複数の地域を訪れる計画を立てていたことや，日本の食や人，文化について非常に満足していることを口々に話していた様子も印象的である。

　試合会場の一つである釜石鵜住居復興スタジアムは，2011 年に

発生した東日本大震災からの復興のシンボルとして新たに建設された。釜石市はかつて 1970～80 年代にかけて 7 連覇を成し遂げた新日鐵釜石ラグビー部の本拠地として栄えた地でもある。ラグビーのまちとしての歴史や伝統，そして災害からの復興という多くの意味を持つ釜石市でのワールドカップ開催は，地元住民にとっても，訪れた国内外のファンにとっても他地域とは一線を画す価値が提供されたのではないだろうか。大会期間中，台風の直撃によって試合が中止になったこともあったが，市内に宿泊していたカナダ代表の選手達が地域に出向き，掃除や瓦礫撤去などのボランティアを行ったという出来事もあった。ラグビーというスポーツを核として，試合の勝敗や興奮以外の部分でも語り継がれるドラマや価値が生まれたことは，地域へもたらされた社会的効果の一つと言えよう。

（2）　するスポーツツーリズムの事例：アウトドアスポーツツーリズム

　スポーツイベントが開催されている期間だけではなく，日常的にスポーツに触れる環境を整備し，かつ人を地域に呼び込む手段として注目を集めているのがアウトドアスポーツツーリズムである。2017 年，スポーツ庁は「アウトドアスポーツ推進宣言」を発表し，改めて日本が世界に誇るアウトドアスポーツ環境（上質なパウダースノー，6,000 を超える島々，急峻な山岳地帯など）の魅力を発信することによって，地方部における交流人口の拡大を図ることを宣言した。アウトドアスポーツを推進するコンセプトは，スポーツ施設等の有限なスポーツ資源を用いるものとは対照的に，海，山，川など日本の豊富な自然資源を舞台として，それらをどのように活かしていくかということにある。ここでのアウトドアスポーツは，競技性の高いスポーツいうよりは，誰もが楽しめるアクティビティという側面が強い。2019 年に株式会社 JTB 総合研究所を中心に設立された一般社団法人日本アドベンチャーツーリズム[3]協議会によると，こうしたアクティビティを通じて自然や文化を体験するツーリズム市場は，約 1 兆円にも上る。特に，海外からのアドベンチャーツーリズム旅行者は，富裕層の割合が多く 2 週間以上滞在する傾向

---

[3] 「アクティビティ・自然・文化体験の 3 要素の内，2 つ以上で構成される旅行」を指す。

があることから，経済的効果にも大きな期待が寄せられている。アクティビティを通じて地域特有の豊かな自然や文化に触れることは，爽快な体験を求める「コト消費」の時代にも合った流れであろう。

　人々がアウトドアスポーツを通じて自然を体験するためには，その環境を整備していく必要がある。昔から整備されてきた例としては海水浴場やスキー場が代表的であるが，近年では，リバーラフティングやカヌー，カヤック，スタンドアップパドル（サップ），トレイルランニング，ヒルクライム，サイクリングなど，様々なアウトドアスポーツを実施できる場が整備されてきている。これらのスポーツに関わる組織は，拠点や装備を整備し，スポーツによってはインストラクターやガイドを配置することによって，人々がスポーツを通じて手つかずの自然にアクセスすることを容易にしている。自然環境の多くは地方部にあることからも，アウトドアスポーツは，域外からのスポーツツーリストを惹きつける新たな地域資源として積極的に推進され始めている。

　日本のアウトドアスポーツ環境は，四季や地域の季節性に左右されるものも多いが，閑散期に着目してマネジメントすることにより，年間を通じて人々を呼び込もうとする工夫も各地で見られる。例えば，スキー場の夏季利用の例としては，長野県の斑尾高原や新潟県の湯沢高原スキー場でのジップライン[4]の整備や，北海道の和寒東山スキー場でのヒルクライムレースの開催などがある。他にも，札幌市の大倉山ジャンプ台で春季に開催される Red Bull 400 は，スキージャンプ台を一番上まで駆け上がる世界一過酷な400m走タイムレースとして，多くの参加者を集め人気を博している。

　また，季節関係なく，通年の誘客を狙って運営されているアウトドアアクティビティもある。一般社団法人ルーツ・スポーツ・ジャパンが運営する「ツール・ド・ニッポン」では，2018年現在17の地域で，地域の特色ある観光資源や文化資源を周るサイクリングコースを設定していたり，株式会社サムライプロデュースが運営する「十勝ナイトリバークルージング」では，夜の帯広川をボートで下

---

[4] 山の木々の間に張られたワイヤーを，滑車を使って滑り降りるアクティビティ。

り，動物の声，水や川の音を楽しむプランを提供している。これら
はともに，2018 年度のスポーツ文化ツーリズムアワード[5]を受賞し
た。

　このようなアウトドアスポーツツーリズムの推進は，過疎地など
観光資源が全くない地域にも経済的効果・社会的効果をもたらすこ
とができる可能性も秘めている。群馬県神流町の「神流マウンテン
ラン＆ウォーク」は，目立った観光資源も無い人口約 2,000 人の町
で 2009 年から開催されているトレイルランニング大会であり，毎
年 800 人の枠がすぐに埋まるほどの大会になっている（『月刊事業
構想』第 51 号）。町の人口の約半分の人々がスポーツツーリストと
して訪れる本大会では，町民が町全体を盛り上げようとおもてなし
を徹底し，ウェルカムパーティが開かれたり，レース途中では地元
産の食材が振る舞われたりする。モノにあふれている時代に，特に
都心部や海外からの訪問客は「何もないこと」や「不便なこと」，
そして「手つかずの自然」を求めて地方部を訪れる傾向も強まって
いる。地域にある自然資源を再確認し，スポーツやアクティビティ
と掛け合わせることによって，アウトドアスポーツツーリズムとし
て地域活性化に寄与することが可能になるであろう。

（3）　地域スポーツコミッション

　これまで紹介したスポーツイベントの誘致や，するスポーツ環境
の整備など，スポーツツーリズムを継続的に地域で推進していくた
めには，地域の受け入れ体制の構築が不可欠である。そのため，地
方自治体やスポーツ団体，民間企業，教育機関，メディアなど，多
くの団体が連携し合うことが求められている。そのようにして，ス
ポーツと地域の特色ある資源を掛け合わせてツーリストを呼び込
み，窓口となってツーリストのニーズに応え，まちづくり・地域活
性化へと繋げていく連携組織を「地域スポーツコミッション」と呼
ぶ。スポーツ庁は，2015 年より地域スポーツコミッションの設立
支援を行っており，2019 年 10 月現在，118 の設立が確認されてい
る。笹川スポーツ財団（2019）の報告では，地域スポーツコミッシ

---

[5] スポーツ庁，文化庁，観光庁が連携して設置された，地域資源を活用した優れた
取り組みに贈られる賞。

ョンの運営主体は，地方自治体の部局や観光協会など行政機関の一部署であったり（行政型），法人格を有する組織（民間型）となっている。さらに，地域スポーツコミッションは，その活動範囲を単一の自治体とするものと（地域型），複数の自治体とするものがあり（広域型），広域・行政型，地域・行政型，広域・民間型，地域・民間型に分類できることが示された。運営主体組織のタイプ，活動範囲，またそれぞれの地域特性に応じても，活動内容は様々である。

　地域スポーツコミッションのさきがけと言われる「さいたまスポーツコミッション（SSC）」は，さいたま市を拠点とし，一般社団法人の法人格を有しているため地域・民間型に分類される。SSCは，官民組織が一体となって世界最高峰の自転車競技のロードレース大会「ツール・ド・フランス」の誘致に初めて成功し，「ツール・ド・フランスさいたまクリテリウム」を開催している。その集客は10万人以上であり，開催による経済的効果は30億円にのぼると言われている。他にも，さいたま地域で開催されるスポーツ大会の支援事業（会場確保，財政支援，広報支援等）も積極的に行っている。

　また，近年設立された地域スポーツコミッションで特徴的なものの一つが，2018年に設立された石川県の「金沢文化スポーツコミッション」である。金沢文化スポーツコミッションは，金沢市観光協会を主体とした地域・行政型の地域スポーツコミッションであり，その名の通り，まず金沢という地に根付く歴史と伝統によって培われてきた多彩な文化を前面に押し出した組織でもある。文化とスポーツを掛け合わせることによって金沢全体としてのブランドを醸成・発信することを目的としている。スポーツ，武道，伝統芸能，茶道などの文化を掛け合わせて，海外に向けても積極的に発信している様子が，スポーツツーリズムの重点要素をいくつも含んだ取り組みとして注目されている。こうした多分野を結びつける取り組みによって，スポーツツーリストがスポーツを通じて文化を体験し，一般観光客が文化を通じてスポーツを体験する，という相乗効果が見込まれることとなる。

　地域スポーツコミッションの推進は，今後も地域の発展に大きく寄与する可能性がある。一方で，特に行政型組織においては，スポーツ部局と観光部局の連携が障壁となり，組織間連携がうまく進ま

ない例も多くみられる。本章の冒頭にも述べたように，人口減少下にある地域においては，あらゆる組織が連携・団結して地域の魅力を再確認し，域外に向けて発信していくことが求められている。

3. おわりに

　本章では，スポーツツーリズムの概要及び発展，その事例や推進組織について紹介した。島国である日本は，今後も観光産業が重要な鍵となる。その中でも，スポーツが持つ多様な価値や魅力と自然や文化などの観光資源を掛け合わせることによって，より多くの体験型消費が地方部で生まれ，地域活性化に寄与していくこととなるだろう。そのためには，スポーツツーリズムに関わる組織においても，持続可能な運営，マネジメントが求められている。

＜課題＞
　あなたが過去に「スポーツツーリスト」として起こした行動（する・みる・ささえる）を具体的に挙げ，その行動によって目的地の住民や団体がどのような恩恵を受けたか（効果がもたらされたか）について，経済的効果・社会的効果の観点から分析してみよう。

＜参考文献＞
Crompton, J. (2004)Beyond economic impact: An alternative rationale for the public subsidy of major league sport facilities. Journal of sport management. 18： 40-58.
Hinch, T. D. and Higham J. E. S. (2001) Sport tourism: A framework for research. International Journal of Tourism Research. 3(1)：45-58.
国立社会保障・人口問題研究所（2017）日本の将来推計人口．人口問題研究資料，336.
デービッド・アトキンソン（2015）新・観光立国論．東洋経済新報社.
増田寛也（2014）地方消滅．中央公論新社.
堀繁・木田悟・薄井充裕（2007）スポーツで地域をつくる．東京大学出版会.
原田宗彦（2008）メガ・スポーツイベントと経済効果．都市問題研究，60（11）：80-94.
原田宗彦（2020）スポーツ地域マネジメント．学芸出版社.

押見大地（2020）メガスポーツイベントによる社会効果：東京 2020 オリンピック・パラリンピックにおける検証．スポーツマネジメント研究，11（1）：4-16.

山口志郎・押見大地・福原　崇之（2018）スポーツイベントが開催地域にもたらす効果：先行研究の検討．体育学研究，63（1）：13-32.

山口志郎（2019）イベント・イメージとイベント・パーソナリティが行動的ロイヤルティに与える影響：赤穂シティマラソン大会を事例に．イベント学研究，3（1）：1-11.

＜参考資料＞

G8 社会的インパクト投資タスクフォース国内諮問委員会（2016）社会的インパクト評価ツールセット：スポーツ．

事業構想大学院大学出版部（2016）月刊事業構想, 51.

株式会社ウェッジ・発行（2019）Wedge, 32（1）．

株式会社リベラルタイム出版社・発行（2019）リベラルタイム, 19（12）．

観光庁（2010）第 1 回スポーツ・ツーリズム推進連絡会議　資料 1 スポーツ観光の推進について．

観光庁（2016）次世代の観光立国実現に向けた観光財源のあり方検討会　資料 1　観光の現状について：観光交流人口増大の経済効果（2016 年）．

経済産業省　地域経済産業グループ・発行（2015）平成 27 年度地域経済産業活性化対策調査（地域の魅力的な空間と機能づくりに関する調査）報告書．

公益財団法人ラグビーワールドカップ　2019 組織委員会・発行（2020a）ラグビーワールドカップ 2019 日本大会　開催後経済効果分析レポート．

公益財団法人ラグビーワールドカップ　2019 組織委員会・発行（2020b）ラグビーワールドカップ 2019 日本大会　大会成果分析レポート．

文部科学省（2010）スポーツ立国戦略．

笹川スポーツ財団（2019）新たな地域スポーツプラットフォーム形成に向けた実践研究～スポーツコミッションの分類と地域スポーツ運営組織の形成に向けた検討～．

スポーツ庁（2017）第 2 期スポーツ基本計画．

＜参考 URL＞

一般社団法人日本アドベンチャーツーリズム協議会．
　　https://atjapan.org/adventure-tourism（参照日 2020 年 9 月 24 日）．

ラグビーワールドカップ公式ホームページ．

https://www.rugbyworldcup.com/（参照日 2020 年 9 年 9 日）.
スポーツ庁　地域スポーツコミッションの活動支援.
　　https://www.mext.go.jp/sports/b_menu/sports/mcatetop09/list/deta
　　il/1372561.htm（参照日 2020 年 9 月 23 日）

（前田　和範）

執筆者紹介

老平　崇了　　愛知工業大学経営学部専任講師（第 9, 10, 11 章担当）

大多和　亮介　大和シルフィールド株式会社代表取締役社長（第 13
　　　　　　　章担当）

大野　貴司　　帝京大学経済学部准教授（編者，はじめに，第 1, 3,
　　　　　　　4, 5, 6, 8 章担当）

齋藤　れい　　桐蔭横浜大学スポーツ健康政策学部准教授（編者，第
　　　　　　　2, 7, 12, 13 章担当）

坂井　利彰　　慶應義塾大学体育研究所准教授・庭球部総監督（第 12
　　　　　　　章担当）

前田　和範　　高知工科大学経済・マネジメント学群助教（第 14 章担
　　　　　　　当）

丸　朋子　　　フリーアナウンサー，大阪産業大学スポーツ健康学部
　　　　　　　非常勤講師（第 13 章担当）

編者紹介

大野貴司
帝京大学経済学部准教授

略歴

明治大学経営学部卒業。明治大学大学院経営学研究科博士前期課程修了。横浜国立大学大学院国際社会科学研究科博士課程後期単位取得退学。岐阜経済大学経営学部専任講師，准教授，東洋学園大学現代経営学部准教授，教授を経て
2019 年現職

主要業績

『プロスポーツクラブ経営戦略論』三恵社
『人間性重視の経営戦略論』ふくろう出版

齋藤れい
桐蔭横浜大学スポーツ健康政策学部准教授

略歴

早稲田大学政治経済学部卒業。横浜銀行，外資系金融機関勤務後，早稲田大学大学院人間科学研究科修士課程修了。早稲田大学大学院スポーツ科学研究科博士後期課程修了。博士（スポーツ科学）。
2019 年現職

主要業績

『スポーツ産業論（第 6 版）』（分担執筆，杏林書院）
『新 YMCA 戦略―百年公益法人の挑戦―』（共著，公益財団法人日本YMCA 同盟）

スポーツビジネス論 ―理論と実態―

2021年3月20日 初版発行
2022年3月31日 第2刷発行

編著者 　大野 貴司・齋藤 れい

発行所 　株式会社 三恵社
〒462-0056 愛知県名古屋市北区中丸町2-24-1
TEL 052 (915) 5211
FAX 052 (915) 5019
URL http://www.sankeisha.com

ISBN978-4-86693-349-8